고전에서 현대까지
심리테스트의 모든 것

사이코북

고전에서 현대까지
심리테스트의 모든 것

사이코북

2017년 5월 22일 초판 1쇄 인쇄
2017년 5월 27일 초판 1쇄 발행

엮은이 | 줄리안 로덴스타인   옮긴이 | 이지연, 현채승
펴낸이 | 김태화   펴낸곳 | 파라북스
등록번호 | 제313-2004-000003호
등록일자 | 2004년 1월 7일
주소 | 서울 특별시 마포구 와우산로 29가길 83 (서교동)
전화 | 02) 322-5353   팩스 | 070) 4013-5353

ISBN 978-89-93212-37-2 (93180)

*값은 표지 뒷면에 있습니다.

*이 도서의 국립중앙도서관 출판예정도서목록(CIP)은 서지정보유통지원시스템 홈페이지(http://seoji.nl.go.kr)와
국가자료공동목록시스템(http://www.nl.go.kr/kolisnet)에서 이용하실 수 있습니다.
(CIP제어번호: CIP2017010797)

PSYCHOBOOK

Psycho Book

고전에서 현대까지 심리검사의 모든 것

사이코북

줄리안 로텐스타인 엮음 | 이지연, 현채승 옮김

파라북스

'열 길 물속은 알아도 한 길 사람 속은 모른다'는 말처럼 사람의 마음을 알기는 어렵다. 어느 드라마의 주인공 말처럼 '그 어려운 것을 자꾸 해낸다'는 점에서 심리검사는 예나 지금이나 사람들의 호기심을 자극하는 매력이 있다. 하지만 강렬한 호기심과 관심에도 불구하고 심리검사는 전문가들의 영역으로, 일반인들이 접근하기 어렵기도 했다. 그래서 잡지나 앱, 페이스북 프로그램들은 성격을 알려준다며 유혹을 던지기도 한다.

줄리안 로덴스타인이 엮은 이 책은 심리검사의 역사와 다양한 검사 개발의 과정, 비하인드 스토리 등을 실제 사료와 풍부한 사진을 통해 보여주어, 일반인들의 호기심과 궁금증을 재미있게 해소해 준다. 전문적인 심리학자나 치료자가 아닌 엮은이의 시선이 일반인들에게 좀더 편안하게 전달되기도 한다. 또 인간을 평가하는 행위의 역사적, 철학적 문제들을 지적하면서, 어쩌면 심리학자들의 전유물이 될 수 있는 전문적 영역의 지식을 일반 독자들이 객관적으로 평가하고 판단할 수 있도록 안내하고 있다.

대학의 심리학 수업에 자주 인용되는 심리검사의 기원과 그 비하인드 스토리를 귀한 사진과 그림을 통해 보는 것은 역사적인 자료로서 이 책이 갖는 매력이다. 여러 치료자들의 치료실과 치료 장면을 보는 것은 심리 상담자나 치료자들의 영감을 자극하는 충분한 동기가 되기도 한다. 거의 모든 검사의 내용을 망라하고 있다는 점은 심리검사를 배우는 심리학과 학생들에게 지적 자극이 될 것이다.

하지만 이 책의 가장 큰 매력은 4장 후반부터 나오는 다양한 성격검사와 그림검사, 이야기 검사 등에 있다. 이 검사들은 실제 상담에서도 쓰이지만, 가정에서 식구끼리 또 연인이나 배우자, 친구 사이에 속내를 나누는 데 훌륭한 도구가 되는 자료들이다. 3장까지의 내용에서 심리검사에 대한 전반적인 이해를 했다면, 그것을 바탕으로 모든 독자들이 직접 해볼 수 있도록 구성되어 있다. 다만, 빨리 질문에 답을 달고 이 책 뒷부분에 수록된 해설을 보기보다는, 곰곰이 자신에 대해 기록하고 성찰하는 시간을 가지길 권한다. 또 아이와 배우자, 연인 등과 함께 나눈 이야기를 통해 상대를 평가하는 것이 아니라 서로를 깊이 이해하고 공감하는 도구로 사용하길 바란다.

여기 소개된 다양한 검사들이 인간을 어떤 기준에 따라 평가하고 배제하고 분열시키는 데가 아니라, 자신의 마음을 이해할 뿐 아니라 서로 몰랐던 부분을 더 깊이 이해하고 그래서 서로 연결되고 성장하는 데 쓰이길 바라는 마음이다.

어려운 출판계 현실에도 불구하고 이 책이 세상 밖에 나오도록 해준 파라북스 사장님과, 늘 섬세한 편집을 통해 원고를 빛나게 해주는 편집장님께 감사드린다.

지그문드 프로이트와 커트 웨일리 얼굴의 합성사진. 루이즈 달-올페 작. 1934년.

머리말

　어린 시절에 나는 또래친구들에 섞여 인간병풍 속의 익명으로 남고자 하는 친구들을 의아하게 생각했다. 나는 두드러지고 싶었다. 고백하자면 성인이 된 이후인 1960년대는 나에게 특이함을 자축하는 시기였다. 개인주의에 반하는 시대에 대부분의 나의 동료들은 고개를 낮춘 채 살기를 원했다. 반면 나는 자랑스럽게 제일 좋아하는 색이 검정이라고 천명했고 (검정은 색깔이 아니라고 알려주는 사람들이 지칠 정도로 많았지만) 맑은 날보다 구름 뒤덮인 날이 좋다고 말했다. (아버지는 내 눈이 잘못된 것은 아닌지 걱정하셨다.) 열다섯 살 때는 매일 작은 검정 벨벳모자의 장식술로 단장하고 학교에 다녔다. 나는 패셔너블하지 않은 그 모자 장식품을 잃어버릴까 봐 신발끈으로 묶어 왼쪽 귀 뒤로 넘겨 옷깃에 핀으로 고정시켰다. 40년이라는 세월 동안, 이 세상이 나를 따라 자전거를 좋아하게 되기 전까지, 나는 운전 배우기를 거부하고 자전거를 타고 다녔다. 성능이 썩 좋지 않은 마스킹 테이프를 이용해 침실 천장을 구슬 달린 늘어진 줄로 장식했는데, 구슬들이 침대보 위로 끊임없이 떨어져내렸다. 나는 집에서 만든 어깨띠에 수집을 완성한 정치 콜렉션 뱃지를 달고 아틀란타 고등학교 복도를 성큼성큼 걸었다. 이런 내 행동은 내 등 뒤에서 엄청난 웃음거리의 소재가 되었을 것이 틀림없다. 나는 좀 싸이코였고, 미치광이가 되고 싶어했다.

따라서 나는 당연히 일반적인 사람들로부터 이상한 사람을 추려내기 위해 고안된, 틀에 박힌 심리검사에는 적대적이다. 내 일생을 통해 '정상'이라는 개념 자체가 나에게는 안도하며 편히 바라볼 수 있는 것과는 반대되는 중립적인 장막으로 기능해 왔다. 물론 성년기 내내 모든 사람을 특정한 범주로 자리매김하려는 충동과 평균에서 동떨어진 모든 변이들에 대해 진단을 내리려는 충동은 오히려 가속되었다. 실로 우리는 진단명 없이는 어떤 사람인지 알 수 없는 시대에 살고 있다. 그리고 사람들은 자신에게 해당되는 심리적 질병psychiatric ailments을 향해 마치 풋볼 트로피 내하듯 손을 흔든다. 우리 손에 있는 새롭고 풍성한 분류법에 의하면, 나는 금방 쉽게 진단된다. 나는 관심을 찾아 헤매는 자이다. 실제로 나는 관심을 추구했고 종종 쟁취했고, 그것은 항상 좋은 종류의 것은 아니었다.

그렇다. 성인기에 나는 이상한 사람들이 정상이고 정상적인 사람들이 이상한 것이라는, 1960년대에 유행하던 부주의한 견해를 거부한다. 비정상은 존재한다. 그리고 그것은 아름답지 않다. 심각한 정신장애가 더 높은 차원의 진리에 이르는 접근통로를 수반하는 경우는 거의 없다. 심각한 정신장애는 (구분이 어려울 정도로) 미묘하지 않다. 또한 광기어린 정신분열증 환자와 씨름하는 치료사들은 일반적으로 (진단을 위한) 설문 문항에 의지할 필요가 없다.

소설가로서도 나는 본능적으로 인격character의 계량화와 수량화를 거부한다. 그것은 포착하기 어려운 개념을 하나의 측정 단위로 혹은 점수로 축소해 놓은 것이다. 이론적으로 추측해 보자면, 소설가들은 여러 핵심적인 특성의 연속선에서 1부터 10 사이의 수치적 점수를 각각 선택하여 주인공을 창조해낼 수 있을 것이다. 예를 들면, 영웅 주인공은 두려움 없음 2점, 새로운 경험에 대한 개방성 9점, 위험회피 1점, 자의식 8점 등의 점수를 매겨 창조할 수 있다고 생각할지도 모른다. 그러나 우리 이야기의 모든 주인공들을 이런 방식으로 차트화하는 것은 쉽지 않을 것이다. ≪전쟁과 평화≫의 피에르[1]를 생각해 보라. 다시 말해, 검사의 해석이 틀리지 않더라도, 심리검사의 결과는 지루할 정도의 긴 설명을 하면서도 전혀 몰랐던 내용을 새롭게 알려주는 건 많지 않다.

그럼에도 불구하고 이 책에 수록된 심리검사들은 매우 흥미롭다. 특히 초기의 고전심리검사 샘플들은 주목할 만큼 바보 같다. "나는 파자마를 입은 남자들을 보고 싶지 않다"와 같은 서술문항은 코믹하다. 어떤 문항은 곰곰이 존재론적 성찰을 하게 한다. '미래가 무의미해 보입니까?' 누구든지 그런 생각을 하는 날이 있지 않겠는가. 다음의 문항도 마찬가지다. '당신과 타인 사이에 어떤 장벽이 있어서 그들을 온전히 이해하기 어렵다고 느껴지십니까?' 이것은 어떤 인간관계에서나 있을 법한 일반적인 상태가 아닌가? 진정 친밀한 사이는 예외인가? 자신은 항상 진실만을 말하지는 않는다고 고백하지 못하는 사람들은 스스로에게 거짓말을 하는 것이다.

심리검사 문항들은 개개인의 삶의 맥락을 고려하지 않는다. 심리검사는 문항에 긍정적으로 응답하게 만드는 특정한 환경을 인식하지 못한다. 비행 조정사들은 불안장애를 겪지 않더라도 "나는 상당한 긴장 속에서 일한다"는 문항에 긍정할 것이다. 노벨상 수상자라면 자기애적인 사람이 아니더라도 "나는 중요한 사람이다"라는 문항에 동의할 것이다. "거의 모든 법 조항은 폐지되는 것이 더 나을 것이다"는 데 동의하는 적응적 인물은 분명 EU 국가에 살고 있을 것이다. "일주일에 한 번 이상 뚜렷한 이유 없이 온몸에 갑작스런 열감을 느낀다"

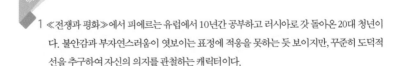

1 《전쟁과 평화》에서 피에르는 유럽에서 10년간 공부하고 러시아로 갓 돌아온 20대 청년이다. 불안감과 부자연스러움이 엿보이는 표정에 적응을 못하는 듯 보이지만, 꾸준히 도덕적 선을 추구하여 자신의 의지를 관철하는 캐릭터이다.

고 응답하는 여성은 그저 50대 이상일 것이다. 요즘 시대에는 '당신의 잘못이 아닌데도 사람들은 당신에 대해 이야기하고 비판합니까?'라는 문항에 '그렇다'고 답하는 사람을 편집증으로 볼 수 없다. 이들은 소셜미디어 활동에 참여하는 사람들일 것이다. 이와 마찬가지로 "누군가 내 차에 타려고 시도하고 있다"라는 문항에 긍정 표시를 하는 것은 그 차가 주차된 공간 환경에 따라 의미가 달라진다. 그리고 내가 만약 "가끔씩 나는 너무 나빠서 도저히 말로는 표현할 수 없는 생각을 한다"에 체크한다면, 검사자는 내가 소설을 쓰고 있고 혐오스러운 것을 생각하는 직업에 종사한다는 사실을 알 필요가 있을 것이다.

심리검사와 관련된 것 가운데 특히 어리석어 보이는 것은, 심리학자들이 우리를 바보로 생각하는 것이다. 검사 고안자들은 피검자들이 검사의 의도를 통찰하는 능력을 가지고 있어서 자신들에게 이로운 대로 응답할 수 있다고는 생각하지 않는다. 심지어 아주 오래 전의 로르샤흐 잉크반점 검사만 해도 그렇다. 어수룩한 환자들도 박쥐보다는 나비라고 응답하는 것이 더 낫다는 것을 분명하게 안다. 만약 취업과정에서 실시하는 성격검사에서 "나는 제정신이 아니게 될까 봐 걱정된다"라는 문항에 표시를 하려고 한다면 당신은 실로 정신이 나간 것이다. 미국 비자 신청서에 "당신은 테러리스트입니까?"라는 문항이 실제로 있음을 기억하자. 지하드 회원이 이 엄청난 심문을 미끄러지듯 빠져나가면, 법 집행자들은 깜짝 놀랄 것이다.

이 책 뒤편에 수록된 보다 장난스러운 검사들은 순환적인 방식으로 자기이해를 돕는다. 기존의 자기이해에 의존해 새로운 자기이해를 생성한다. 가족관계 검사(일련의 그림들 속에서 당신과 당신 식구들을 가장 잘 표현하는 그림을 고르는 검사)를 할 때 4번 이미지(한 명이 짐 무더기를 나르는 것을 다른 3명이 수동적으로 바라만 보는 그림)(198쪽)를 고른 사람들은 이 책 뒷부분에 수록된 해석을 보지 않아도 가족 구성원들에게 부과되는 부담감을 이미 잘 알고 있다. 그렇지 않다면 그 이미지를 고르지도 않을 것이다.

가족과 대서양을 사이에 두고 있는 외국인 여성으로서 나는 5번 이미지(198쪽)를 고르는 데 주저함이 없었다. 전경에 있는 세 인물들이 서로를 향해 고개를 기울이고 있고 작은 한 인물은 멀리 도망가는 그림이다. 그런데 나는 원래 내가 도망자라는 것을 알고 있었다. (이 그림의 해석은 '탈출하는'이다.) 그래서 나는 처음부터 5번에 동그라미를 그렸다. 이 검사를 통해 우리가 얻는 것은 과연 무엇인가? (카드의 그림들이 매력적이긴 하다.)

또 다른 예로, 피검자들이 주어진 가상의 상황에서 무엇을 하겠다고 주장하는 것과 실제로 그들이 하는 것 사이에는 큰 차이가 있을 수 있다. 예를 들어 상황적 문제 검사에서 "당신의 배우자(파트너)는 지날 때마다 주전자 뚜껑을 여는 귀찮은 습관을 가졌다"라는 문항에 대해 나는 "c) 배우자(파트너)에게 물이 끓을 때까지 주전자를 그대로 놔두는 것이 더 유익하다는 점을 정중하게 설명한다"(157쪽)라는 가상의 응답을 했다. 그러나 우두머리같이 굴고 독재적인 (내 남편 같은) 사람과 함께 사는 것에 익숙한 사람은 "d) 금지령을 내리고 이 나쁜 습관을 초장에 뿌리 뽑아야 한다고 생각한다. 이것은 결국 다른 나쁜 행동으로 이어질 수 있기 때문이다"를 선택할 것이다.

그런데 당신이 어떤 응답을 할지 이미 알고 있다면, 왜 이런 검사들은 그렇게 중독성이 있을까? 분노가 줄지 않는 상태로 살고 있는 사람은 아마도 '분노' 특성을 확인하기 위한 문항을 필요로 하지 않을 텐데도 말이다. 일반적으로 이 책의 앞부분에 수록된 초기의 예시들은 악의적인 목적으로 일탈적인 경향성들을 밝히려는 관계자들의 노력인 반면에, 후반부에 수록된 보다 최신의 검사들은 열린 결말을 갖고 자기 탐색을 격려하기 위한 것이다. 이 둘 모두를 실시해 보는 것은 즐거운 일일 것이다.

학창시절에 경험한 실패에 대한 불안으로부터 벗어나면, 테스트를 받는 것은 즐겁다. 이 것은 하나의 게임이다. 심리검사는 거울을 들여다보는 기회가 된다. 그리고 우리 안에 있는 특성들을 인식하는 것은 그 특성이 어떠하든 의미가 있다.

개인적으로 나는 내가 일반적이고 평범하다는 증거 대신, 아웃라이어라는 증거를 더 많이 찾는 경향이 있다. 안타깝게도 최근에는 이러한 경향이야말로 나를 다른 사람과 마찬가지로 평범하게 만들어 버린다. 서구 문화가 정치적으로 더 순응적이게 된 반면, 성性과 심리학은 덜 규범적이 되었다.

알 수 없었던 것이 어떤 형태를 갖추고 우리에게 되돌아올 때, 안심해도 괜찮다. 모호하게 짐작했던 것들을 명확하게 이해하는 것을 두려워하지 않아도 된다. 나는 망했다. 그러므로 나다. 수줍음 검사를 해서 내가 친구들이 상상하는 이상으로 수줍어 한다는 결과를 확인한 것은 신기하게도 만족스러웠다. 비록 나는 원래 알고 있었지만.

이 책은 부분적으로는 코메디이고 부분적으로는 역사책이며, 자조도서이자 차와 함께 즐기는 소품도 된다. 이것은 부분적으로 신실하고 부분적으로는 농담이며 명상이자 조소이다. 이것의 생산물은 공통적으로 아름답고 이것의 감수성은 공통적으로 장난스럽다. 나는 연필을 잡고 이 책을 읽을 것을 권한다.

: 라이오넬 슈라이버

이 글을 쓴 라이오넬 슈라이버는 미국의 저널리스트이자 소설가로, 본명인 마거릿 앤 슈라이버가 마음에 들지 않아 15세 때 스스로 보다 중성적인 라이오넬로 이름을 바꾸었다. 버나드 컬리지와 컬럼비아 대학에서 예술학을 공부했으며, 1986년부터 여러 권의 소설을 발표하였는데, 대표적인 작품 ≪케빈에 대하여≫로 2005년 오렌지상을 수상했다. 영화로 제작되기도 한 이 작품은 '소시오패스 아들을 둔 어머니의 독백'이라는 충격적인 설정으로 독자와 평론가들 사이에서 논쟁의 중심이 되기도 했다. 최근에는 붕괴된 미국 의료제도의 실체를 꼬집은 ≪내 아내에 대하여≫를 출간했다.

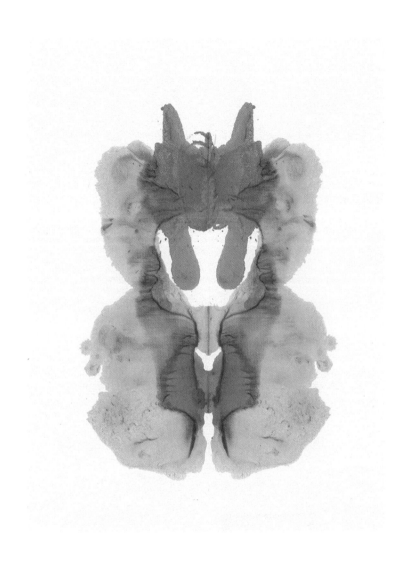

차 례

정신 참견자들

:: 심리검사의 간략한 역사

심리검사는 항상 권력의 표현이었다. 19세기 인체계측학자anthropometrists의 식민지적 가설에서 오늘날 심리학자의 사목권교회의 지도자가 소속 회중에 대해 갖는 권한적인 힘에 이르기까지, 심리검사는 항상 힘을 가지고 있다. 심리검사자들은 정상 범위의 감정, 행동, 지능 수준에 대한 합의를 가지고 있고, 이 정상범위를 벗어나는 사람들을 비정상 혹은 일탈이라고 구분한다. 지난 세기 동안 사람들은 이 권력을 가지고 동료인 사람들을 차별하고 구속하고 심지어 임신을 제한하기까지 하였다.

심리검사는 희망의 표현이기도 하다. 소비에트 연방에서 미합중국에 이르기까지 심리검사는 공평한 사회를 달성하는 방법으로 많은 사람들에게 칭송받았다. 여러 세대에 걸쳐 심리학자들은 심리검사를 개선하고 편견을 극복하고 계급과 사회적 불이익을 극복하는 데에 이용할 수 있도록 끊임없이 노력해 왔다.

많은 저자들은 심리검사의 기원이 고대로 거슬러 올라간다고 주장하고 싶어 한다. 관점에 따라, 청중에 따라, 그들은 성경부터 2000년 전 중국 공공 서비스에 이르기까지 다양한 고대 문헌에서 심리검사의 기원을 찾을 수 있다고 말한다. 하지만 객관적이고 과학적인 방법으로 심리적 특성을 측정한다고 주장하는 최초의 시도는 두골계측두개골 측정하는 방법, craniometry

이다. 이것은 18세기부터 시작된 것으로, 두개골을 측정함으로써 뇌의 크기를 가늠하고 나아가 지능의 범위까지도 알 수 있다는 주장이다. 두골계측법은 18세기 후반에 골상학[1]으로 개량되었다. 골상학은 두개골의 모양으로 뇌의 어떤 기관이 더 잘 발달했는지 확인할 수 있다고 주장한다. 또 뇌 기관의 각 부분들을 언어, 사랑, 자존감, 음악성과 같은 심리학적 특성으로 지도화할 수 있다고 가정했다.

골상학에 대한 관심이 커지면서 역사적으로 심리학적 실험을 따라가는 추세가 출현하였다. 1821년 영국과 프랑스의 선도적인 골상학자 요한 카스파르 슈푸르츠하임Johann Gaspar Spurzheim은 골상학을 통해 범죄 성향에 대한 유전적 소인을 밝힐 수 있고, 따라서 범죄성은 사회 문제에서 비롯되는 것은 아니라고 주장했다. 시간이 흘러 골상학 관련 문헌에서는 보다 명백한 패턴이 나타났다. 골상학 문헌에 의하면, 주목할 만한 몇 가지 예외를 제외하고는 최상의 두개골을 가진 사람은 북유럽 백인 중산층 남성이다. 이에 따르면, 그들은 성격이나

역주

1 골상학은 성상학性相學이라고도 한다. 18세기 오스트리아 빈의 해부학자 프란츠 요제프 갈F. J. Gall, 1758~1828이 뇌의 모양으로 성격 및 운명을 추정하는 학문을 시작하였고, 그의 후학인 J. C. 슈푸르츠하임1776~1832이 이것을 더욱 발달시켰다. 이들은 다양한 심리적 특성들을 각각 독립된 기능으로 보았는데, 이 기능들은 뇌의 각 부위에 일정하게 배정되어 있고, 뇌의 특정 부위의 크기가 그 부위에 해당하는 심리적 기능의 발달 수준에 따른 것으로 보았다. 따라서 대뇌의 크기와 모양을 짐작할 수 있는 두개골의 모양에서 대뇌 각 부위의 크기를 가늠하여 그 사람의 심리적 특성을 추측할 수 있다고 생각하였다. 19세기 이후 골상학은 뇌의 영역이 특정 기능을 관장한다는 대뇌기능 국재설局在說로 이어졌고, 프랑스 외과의사 폴 피에르 브로카Paul Pierre Broca, 1824~1880에 의해 전두엽의 언어중추 영역이 밝혀지기도 하였으나, 현대 뇌과학이 발달하며 폐기되었다.

지능에서 우세하다. 반면 다른 유럽 지역의 노동자 계급층과 식민지 아프리카인들은 무절제하고 폭력적이고 어리석음을 나타내는 두개골을 가졌다. 19세기 아일랜드는 영국에게는 골치 아프고 문제 많은 식민지였는데, 아일랜드인의 두개골은 특별한 비판을 받았다. 영국의 선도적 골상학자 조지 콤베$^{\text{George Combe}}$는 아일랜드 천주교도들이 '거칠고, 굽실거리고, 지적이지 못하다'고 단언하는 문헌을 내놓았다. 가톨릭 해방령[1]이 내려지는 시대적 상황에서 그의 연구가 미칠 파장은 분명했다. 그런데도 이런 연구 결과를 내놓은 것은 바로 이러한 아일랜드 천주교도들의 특성이 영국의 급진적으로 우월한 권위에 도전하지 못한다는 것을 의미하기 때문이다. 정치적 내러티브가 골상학을 통해 퍼져나가는 것은 당연했다. 부유층이 가난한 자를 지배할 권리와 유럽 제국이 세계를 통치할 권리는 이 가짜 과학에 힘입었다.

골상학에 대한 흥미가 줄어들면서 새로운 심리검사가 등장했다. 단순히 찔린 상태나 찌르고 측정한 상태가 아니라, 실제로 자극에 반응하는 살아 있는 실험대상에 의존하는 심리검사가 19세기 후반 인체계측학$^{\text{anthropometry, 人體計測學}}$[2]에서 시작되었다. 이러한 방식의 심리검사를 큰 목소리로 지지한 사람 중에는 인류학자이자 통계학자인 프란시스 갈톤$^{\text{Francis Galton, 1822~1911}}$이 있다. 갈톤은 개 호루라기[3]를 고안하고 지문의 모양을 분석하는 지문감식 접근법 체계를 수립하였으며, 우생학이라는 용어를 만들었다. 1884년 갈톤은 남 켄싱턴 박물관의 건강박람회$^{\text{Health Exhibition}}$에서 오늘날 과학박물관의 전조로 볼 수 있는 런던의 인체측정학 실험연구소를 설립하였다. 거기에서는 누구든 3실링을 지불하면 호흡의 용량에서부터 반응시간에 이르기까지, 갈톤이 생각해낼 수 있는 모든 것을 측정받았을 것이다. 갈톤은 심리검사에 대한 큰 관심을 불러일으켰다. 그러나 그는 '감각의 예리함'까지는 측정하지 못했다. 실험연구소는 문을 닫은 1890년 무렵에 이르기까지 9,000명이 넘는 사람들을 측정했다. 그리고 심리검사, 개 호루라기, 그리고 우생학과 함께 유사한 연구소들이 전 세계에서 문을 열었다.

독학으로 공부한 심리학자인 알프레드 비네Alfred Bine, 1857~1911는 1904년 프랑스 교육부 장관에게 임명을 받아 학업에 어려움을 겪는 어린 학생들을 선별해내는 임무를 맡았다. 비네는 학생들의 이른바 '정신연령'을 단일 점수로 평가하고 표시하는 검사를 개발하였다. 이 점수가 생활연령 점수보다 더 낮으면 특별한 교육을 받게 된다. 비네의 검사가 교육적 발달 정도를 평가하는 동안, 독일 심리학자 빌리암 슈테른William Stern, 1871~1938은 이 검사로 지능을 측정할 수도 있다고 주장하였다. 정신연령이라는 아이디어를 지능지수로 발달시킨 것이다. 지능지수는 정신연령과 생활연령을 백분율로 계산한 것이다.

1차 세계대전이 벌어지는 동안 심리검사는 유럽에서 의심받았지만, 미국에서는 상황이 달랐다. 전쟁이 시작되기 전인 1908년에 헨리 고다드Henry H. Goddard, 1866~1957는 비네의 업적을

1 가톨릭 해방령Catholic Emancipation은 영국 정부의 로마 가톨릭에 대한 차별을 철폐한 조치이다. 영국에서는 1673년 제정된 심사율Test Act에 의해 국가 공직자를 영국 국교 신자로 제한하여, 가톨릭 신자들과 비국교 신자들은 공직에 오를 수 없었다. 1829년 가톨릭 해방령이 내려지면서 이런 차별은 철폐되었다.

2 인체계측학은 인체의 각 부분을 물리적 측면으로 측정하는 학문이다. 신체 구조를 측정하는 것과 구조의 기능을 측정하는 것으로 나뉘는데, 구조적 측정은 골격이나 굴곡을 측정하여 수치화하는 것이고, 기능적 측정은 신체 구조가 기능을 발휘하는 상황을 측정하는 것이다. 예를 들면, 팔을 뻗은 자세에서 팔의 길이를 측정하는 것은 구조적 측정이고, 팔을 뻗을 때 관절의 회전이나 어깨의 영향을 측정하는 것이 기능적 측정이다. 인체계측학적 측정은 기계나 장비를 사람이 작업하는 것처럼 설계하고 만드는 데 활용된다.

3 개 호루라기는 침묵호각 혹은 갈톤호각이라고도 한다. 개는 사람보다 높은 주파수의 소리를 들을 수 있다는 사실에 착안한 것으로, 사람이 듣지 못하는 높은 주파수의 음파를 사용하여 개가 그 소리에 반응하도록 한 것이다.

미국에 맞게 재해석하였고, 엄격한 새로운 표식 체계와 비정상적으로 낮은 정신연령과 IQ 지능지수의 범위를 묘사하기 위해 저능아moron와 정신박약feeble-minded이라는 용어를 소개하였다. 1918년부터 1919년 사이에 로버트 요커Robert M. Yorkers를 비롯한 미국 군대 심리학자들은 110만 명이 넘는 사람들을 평가하기 위해 고다드의 작업을 토대로 한 심리검사를 실시하였다. 물론 군대는 이 "정신 참견자들"을 불편해 했다.

이전의 골상학과 인체계측학적 검사와 마찬가지로, 지능검사에서도 부유한 백인 부모의 자녀들이 다른 경우보다 지능이 더 높은 경향을 보였다. 그러나 지능검사는 법적, 사회적, 문화적 차별에 대한 캠페인을 촉발하여 미국 의원들에게 직접적인 영향을 미쳤다는 점에서 다른 검사들과 달랐다. 1912년 고다드는 '정신박약'으로 분류된 사람은 누구든지 격리하고 자녀를 갖지 않도록 권고하였다. 그보다 더 멀리 간 경우도 있었다. 1차 세계대전이 종전되기 전에 미국 15개의 주에서 강제적 우생학 불임법eugenic sterilisation law이 통과되었고, 1937년까지 33개의 주로 늘어났다. 궁극적으로 1907년과 1970년 사이에 약 6만 명의 '정신적 결함'이 미국에서 "소독sterilised"되었다. 1920년대와 1930년대에는 덴마크에서부터 스위스에 이르는 유럽에서도 유사한 법이 제정되었다. 당연히 독일에서도 1933년도에 이러한 법이 제정되었다.

우생학의 바람은 미군 심리검사에 의해 크게 고무되었다. 그들은 이 검사가 선천적 지능을 측정한다고 주장했지만, 검사를 작성한 사람은 백인 중산층 남성이었고, 그 검사는 명백하다고 간주한 문화적 상징물에 의존했다. 누구나 예상할 수 있듯이, 이민자처럼 상징물에 익숙하지 않은 사람들은 이 검사에서 낮은 점수를 받았다. 1912년에 고다드는 엘리스 섬에 새로운 이민자를 대상으로 하는 검사를 실시하도록 요청받았다. 그 결과, 검사를 받은 유대인의 83%, 헝가리인의 80%, 이탈리아인의 79%, 러시아인의 87%가 정신박약으로 판정받았다.[1]

몇 년 후 미국에서 군대 지능검사에 대한 분석이 이루어졌고, "이 검사는 보다 명백하게, 한쪽 극단에 노르딕(북유럽) 그룹이 분포되어 있고, 다른 한쪽 극단에는 미국 흑인이 분포되어 있음을 보여준다"는 결과를 내놓았다. 하지만 그 검사는 단지 다른 민족과 인종 배경을 가진 사람을 골라내기만 하는 것은 아니었다. 그 검사에 따르면, 미국 노동자 계급은 지능적으로 유아 수준이었다. 1차 세계대전에서 모집되고 징집된 산업 노동자 및 농업 노동자 110만 명을 대상으로 검사를 실시했다. 이 대규모의 검사는 미국 백인 남성의 평균 정신연령이 13세 정도라는 결론을 내렸다. 흑인 병사들은 더 낮았다. 이런 결과는 과연 정신연령 척도가 정말로 정확한 것인지 의문을 불러일으켰고, 하버드 대학 심리학 교수인 윌리엄 맥두걸William McDougall, 1871~1938과 같은 학자는 "미국은 민주주의에 안전합니까?"라는 날카로운 질문을 던졌다.

이런 종류의 '과학적' 인종차별주의는 미국에 국한되지 않았다. 1925년 영국의 한 연구도 비슷한 결과를 낳았다. 프란시스 갈톤의 후학인 마거릿 모울Margaret Moul과 칼 피어슨Karl Pearson은 러시아와 폴란드 유대인 이민자 아동 가운데 57% 이상이 "지체", "우둔", "매우 우둔" 혹은 "정신적 결함"으로 분류된다고 주장했다. 이 연구결과에 근거하여, 피터슨과 모울은 다음과 같은 질문을 던졌다. "만약 열등한 민족이 더 우월한 문명의 혜택을 받기 위해 이민자로 쏟아져 들어온다면, 우월한 인종을 위해 어떤 입법을 하는 것이 좋겠는가?"[2]

---

1 ≪IQ 검사의 과학과 정치학The Science and Politics of IQ≫, 리안 카민Leon J. Kamin, 16쪽. 루틀리지 출판사, 런던. 1974년.

2 〈영국으로 들어오는 낯선 이민자들의 문제: 러시아 및 폴란드 유태인 아동 진단 사례〉, 칼 피어슨과 마거릿 모울, 우생학 연보, 제1권 제1호, 16쪽. 블랙웰 출판사, 런던대학, 1925년.

1920년대 초반에 유럽에서 심리검사는 지지받았다. 찰스 사무엘 마이어스$^{Charles Samuel Myers}$와 같은 영향력 있는 심리학자들은 1915년도에 전쟁신경증$^{shell shock}$에 관한 첫 번째 연구물을 출판하였다. 그들은 심리검사의 사회적 역할을 확대하기 위해 노력하였다. 국립 산업 심리학 연구소$^{National Institute of Industrial Psychology}$와 같은 기관을 통하여 회사들과 학교들에 입사 지원자와 학생을 검사하는 방법을 제시하였다. 전 세계의 학교들과 교사들은 표준화된 검사를 사용하여 학생들의 타고난 능력을 평가하는 가능성에 뛰어들었다. 이것에 대하여 일부는 빈부 격차를 평평하게 낮추는 기회로 보았고, 일부는 국가적, 인종적, 계급적 구분을 유지하는 과학적 근거가 되기를 희망하였다.

그러나 이 새로운 열정의 물결은 IQ 검사를 능가했다. 전쟁 동안 미국에서 우드워스 성격 데이터 시트(PDS)$^{Personal Data Sheet}$가 성공하자, 1920년대와 1930년대에는 성격검사가 번성하였다. 또 1920년대에는 보다 정교해지기 시작했다. 1919년 PDS는 "당신은 당신의 성년기를 잃어버렸다고 생각한 적이 있습니까?"와 같은 질문을 했고, 천진하게도 피검자가 관용구를 이해하고 진술하게 대답할 것으로 기대했다. 이후 심리검사는 질문에 대한 응답을 교차 참조하는 보다 더 중요한 접근방법을 개발하였다. 그 이후 수십 년에 걸쳐 수천 가지의 성격검사가 시장을 강타했다. 어떤 검사는 길고 지루한 문항을 나열하고, 어떤 검사는 로웬펠드 모자이크 검사(34쪽 참고)처럼 피검자에게 자신의 감정과 생각을 표현하는 이미지나 시나리오를 구성하게 한다. 또 어떤 검사는 피검자에게 이미지를 비롯한 자극을 제시하여 본인의 의미를 투영하게 하는 투사검사이다. 아마도 가장 유명한 투사검사는 1921년에 개발된 로르샤흐 잉크반점 검사(70쪽)일 것이다.

또한 프로이트를 떠난 후학인 칼 융$^{Carl Jung}$은 1921년 심리적 성격 유형$^{Psychological Types}$을 출판하면서 새로운 논쟁의 장을 열었다. 그는 어떤 심리적 기능이 더 우세한지 밝힐 수 있다는 아이디어를 대중화했다. 융에 의하면, 감각형, 직관형, 사고형, 혹은 감정형의 심리적 기능들과 내향성 혹은 외향성의 기질을 조합하여, 그 사람이 어떤 유형의 사람인지 파악할 수 있다고 하였다. 융의 아이디어는 트렌드가 되었고, 무수히 많은 심리학자들이 기본 성격유형을 수립하고자 시도했다. 어떤 학자는 수천 명을 대상으로 했고, 어떤 학자들의 연구대상은 5명이었다. 그러나 실용 모델에 대한 합의는 어루어지지 않았고, 성격검사는 다른 형태의 심리검사들만큼 문화적으로 널리 퍼지지 않았다. 그러나 성격검사와 투사검사가 진단적으로 그리고 치료적으로 유용하다는 것이 발견되었고, 이것은 임상 심리학의 세계에 중요한 영향을 미쳤다.

1920년대와 1930년대 초반은 아마도 심리검사 역사상 가장 낙관적인 시기였을 것이다. 수많은 저명한 연구자들이 심리검사를 사회 개혁에, 심지어 혁명에 이용할 수 있다고 믿었다. 그들은 사람의 교육적 발달 수준이 아니라 지능을 검사할 수 있다고 주장하였고, 가난하지만 지능이 높은 사람들은 부유하지만 지능이 낮은 사람들을 대신하여 권력의 자리에 오를 수 있다고 주장했다. 이러한 생각은 특히 소련에서 강하게 나타났다. 소련의 심리학자들은, 혁명 이후 사회에 나타날 것으로 믿었던 프롤레타리아 문화와 신인류를 창조하는 데 심리검사가 사용될 수 있기를 희망했다. 미국과 같은 다른 나라의 심리학자들은 학습에 어려움이 있는 사람들, 혹은 환경에 발목 잡혀 있던 지능이 높은 사람들에게 무엇이 필요한지를 밝히고 해결함으로써 범죄와 빈곤이 드라마틱하게 감소될 것이라고 주장했다. 영국에서는 타우니R. H. Tawney 같은 좌익 교육가들이 지능검사가 귀족 특권층과 공교육을 받은 부르주아에게 도전이 될 것으로 보았다. 이들에 의해 지능검사는 옹호되었다. 소련에서와 마찬가지로 영국 좌파학자들은 심리검사가 사람들의 기술을 평가하고 이를 근거로 하여 합리적인 사회계획을 수립할 수 있을 것이라고 주장했다.

어쩌면 이미 당신도 짐작했듯이, 평등을 위한 도구로서 심리검사에 대한 낙관론은 오래가지 못했다. 서구사회와 마찬가지로 소련에서 실시된 수많은 검사에서 노동자 계층, 농민

들, 그리고 전국의 소수자들이 교육받은 도시의 전직 부르주아들만큼 검사를 잘 수행하지 못하는 경향이 발견되었다. 공산주의 심리학자들은 그 검사들이 부르주아 배경과 훈련에 의해 편향된 것으로 믿었고, 1936년에 소련 전역에서 아동 심리검사가 금지되었다. 이와 비슷한 이유로, 영국에서도 평등한 권력을 옹호해온 많은 그룹들이 1930년대 후반에 심리검사에 반대하는 방향으로 돌아서기 시작했다. 비슷한 시기에 프랑스에서도 많은 학교들이 비네 검사를 거부하기 시작했다. 자신의 편견을 자각하였거나, 이 검사가 교실에서 교사의 역할을 빼앗는 것으로 보았기 때문이다.

2차 세계대전은 심리검사에 또 한 번의 빛나는 기회를 주었다. 두 차례의 세계대전 사이의 기간 동안 산업 및 직업 검사의 발전을 바탕으로, 심리검사는 전쟁 기계처럼 역할하는 사람들에게 사용하도록 설정되어, 군인과 선원 그리고 비행사들에게 기술, 지능, 성격 특성에 따라 특별한 역할을 평가하고 할당하는 데 사용되었다. 지능검사는 널리 쓰였다. 그러나 독일에서는 이미 대부분의 사람들이 우생학을 싫어했기 때문에 검사결과에 의한 큰 차별적 결정은 내리지 않았다. 독일은 이전 전쟁의 여파를 겪고 있었다.

전쟁이 끝난 후에도 인기는 여전했지만, 새로운 심리검사가 생겨나는 속도는 느렸다. 이미 언급했듯이, 강제수용소에 대한 충격 이후 우생학 및 심리검사의 인종차별적 측면에 대해 대부분의 사람들은 고개를 돌렸으나, 결코 자기 자신의 틀에서 해방되지 못하는 소수의 사람들이 있었다. 1960년대 후반에 영국과 미국의 영향력 있는 과학자들이 여러 인종들 가운데 흑인이 유전적으로 더 지능이 낮다는 견해를 지지하는 책을 출판하고 기사를 썼다. 심지어 1972년 노벨 물리학상 수상자인 윌리엄 쇼클리^{William Shockley}는 '불임 상여제^{sterilisation bonus plan}'을 제안하였다. 이 계획에 따르면 100점 미만의 IQ 점수를 받은 사람이 자발적으로 불임하기로 하면 1,000달러를 받게 된다. 쇼틀리만 이런 생각을 한 것은 아니다. 특히 북미의 많은 저명한 과학자들이 지금까지도 계속해서 파이오니어 펀드^{The Pioneer Fund}와 같은 단체에서 우생학과 유전에 대한 아이디어 홍보 자금을 받고 있다.

심리검사는 1930년대 초반 일부 지역에서 공격을 받았고, IQ 검사의 인종차별적 해석이 다시 유명세를 얻기 시작하면서 1960년대와 1970년대에 공격이 더욱 거세졌다. 사람들은 새로운 인종 연구 이데올로기 아래에 있는 것은 물론 일반적인 심리검사의 신뢰성까지 검사와 관련된 모든 것을 공격했으며, 심지어 심리검사의 기본 원칙까지도 공격했다. 특히 1970년대 중반에 시릴 버트Cyril Burt, 1883~1971의 학문적 유산이 심한 타격을 받았다. 일련의 기사와 서적들이 그의 학문적 유산을 해체하기 시작한 것이다. 시릴 버트는 영국의 유력한 교육 심리학자이고 심리학에 대한 기여로 기사 작위를 받았으며, 영국 심리협회 회장을 역임하였고 런던 대학 학부에서 우생학의 교수로 재직하였다. 사람들은 지능이 유전된다는 생각을 주도적으로 옹호한 시릴 버트가 중요한 데이터를 곡해하고 그의 연구 결과 중 많은 부분을 위조하였으며 심지어 상상 속에서 공동 작업자를 지어냈다고 주장하였다. '시릴 버트 사건'은 지능검사에 대한 전반적 영역에 그림자를 드리웠다. 성격검사 역시 비판받았다. 행동은 사회적으로 그리고 환경적으로 만들어지기 때문에, 통제된 환경에서 수행되는 검사로는 예측될 수 없다고 주장하는 영향력 있는 서적들이 성격검사를 맹비난하였다.

이러한 공격에도 불구하고 심리검사는 1980년대 중반에 이르러, 그 어느 때보다 일반화되었다. 이 시기에 심리학자들 사이에서 크게 다섯 가지에 대한 합의가 시작되었다. 그리고 많은 심리학자들이 외향성, 친화성, 성실성, 정서적 안정성 및 경험에 대한 개방성의 5가지 기본 성격 요인에 동의했다. 이것은 성격검사를 위한 실용적 모델을 제공하였다. 1990년대와 2000년대에는 성격검사가 임상적으로나 직업적 평가에서나 모두 새로운 수준의 승인을 획득했다.

오늘날 심리검사는 일상적 현상이다. 우리는 학교나 대학에서 또 직업 면접 과정이나 병원에서 심리검사를 만난다. 말할 필요도 없이, 무수히 많은 가짜 심리검사들이 잡지나 인터

넷, 소셜미디어에 매일 나온다. 그것들은 광고 대행사나 다른 사람들을 위한 데이터를 수집하는 한편, 우리가 제일 좋아하는 유명인, 가장 좋아하는 동물, 혹은 투표해야 하는 대상이 누구인지를 알려주겠다고 약속한다.

오늘날 심리검사는 더 이상 우리에게 위협적이거나 희망적이지 않다. 그저 끊임없이 무엇인가를 측정하고 비교하는 현대 생활의 일부분이다. 심리검사의 힘과 낙관성은 결과의 통계적 상관관계, 수백 수천의 검사 점수들과 비교하는 것에 달려 있다. 이러한 통계적 상관관계 없이, 심리검사는 정상과 비정상을 구분할 힘이 없다. 그러나 분명한 것은, 심리검사는 우리로 하여금 우리 자신과 타인에 대해 탐색하게 한다는 것이다.

: 어쉰 월Oisin Wall

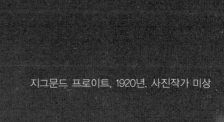
지그문드 프로이트, 1920년, 사진작가 미상

1

고전적 심리검사

1920년대 개발된 비언어적 지능검사
순서배열하기, 짝맞추기, 패턴찾기 그리고 논리적으로 연결하는 훈련과 관련된다.

엘리스 섬의 지능검사, 미국, 1910년
하워드 앤드루 크녹스^{Howard Andrew Knox}가 선도한 이 검사는 왼쪽 사진과 비슷한 그래픽 퍼즐을 이용하여, 예비 이민자들의 정신능력을 판단하려는 의도로 사용되었다.

로웬펠드 모자이크 검사 Lowenfeld Mosaic Tests

상자(오른쪽 사진) 속에 6가지 색상과 8가지 기하학적 모양(사각형, 마름모형, 직각삼각형, 이등변삼각형, 부등변삼각형 등)의 나뭇조각 465개가 담겨 있다. 어린이용으로 개발되었지만, 쓰임새를 확대해 성인 환자들에게 사용하기도 한다.

검사과정은 피검자에게 나뭇조각을 활용하여 어떤 모양이나 좋아하는 이미지를 만들어보게 하는 것으로 시작된다. 검사자는 검사과정에서 피검자가 보인 행동과 만들어진 모양을 분석하여 검사결과를 해석한다. 피검자의 행동이 불안한지 혹은 태평스러운지, 미리 결정을 내리고 움직이는지 혹은 무계획적이거나 신중하거나 부주의한지 등의 태도와, 만들어진 모양이 어떤 요구에 의해 주문대로 만들어졌는지 혹은 무작위적인지, 형태가 비유적이거나 추상적인지 등을 관찰하여 분석한다.

이 검사는 존경받는 영국 아동 심리학자 마거릿 로웬펠드[Margaret Lowenfeld]가 1929년에 소개한 것으로 지금도 사용된다.

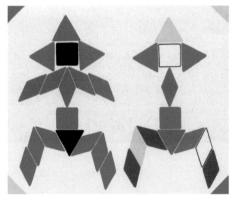 

:: 로웬펠드 모자이크 검사

로웬펠드 모자이크 검사는 심리 연구방법을 미술적으로 활용한 것으로, 주로 아동을 대상으로 이루어진다. 아동은 언어 표현력이 미숙하기 때문에 창작물을 통하여 내면 심리를 반영한 자기표현을 한다고 본 것이다. 이 검사는 나뭇조각을 이용한 미술작품으로 아동의 심리적 기능과 문제 적응력, 드러나지 않은 정서 및 지적 능력까지도 파악하는 일종의 투사검사이다.

:: 검사방법

1) 아동에게 검사용 상자(35쪽의 사진)를 보여주고 그 안에 담긴 6가지 색상과 8가지 모양의 나뭇조각을 하나씩 설명한다.
2) 검사자는 아동에게 다음과 같이 지시한다. "이 나뭇조각들을 가지고 원하는 것을 마음대로 만들어 보세요. 조각을 조금만 사용해도 되고, 많이 사용해도 돼요. 만들고 싶은 것을 만들면 된답니다."
3) 아동이 완성하면 무엇을 만든 것인지 물어보고 그에 대해 설명하도록 한다.

어떤 아동은 조각을 전부 사용해서 책상 가득 여백 없이 채우고, 어떤 아동들은 주저하면서 원하는 것을 완성하지 못하고 중간에 그만두기도 한다. 검사자는 아동이 만드는 과정과 완성한 모양, 아동의 설명을 모두 종합하여 결과를 산출한다.

이 아름다운 수공예 카드들은 32쪽 사진 속의 작은 큐브를 이용한 시각화 검사에 사용된 것이다.

미네소타 다면적 인성검사 MMPI

미네소타 대학 출판사에서 1943년 최초로 MMPI^{Minnesota Multiphasic Personality Inventory} 검사를 출판하였다. 39~41쪽에 있는 진술문들은 성격을 분석하고 심리상태나 정신병리 상태를 진단하는 데 도움이 되는 MMPI 및 기타 심리측정 검사에 사용된 문장들과 유사하다. 이러한 검사들 혹은 검사 관련 개발품들은 임상 심리학자들에 의해 계속해서 널리 사용된다.

이 검사들은 심리학 분야에서 일상적으로 사용되는 전문용어로서의 '정상' 혹은 '일탈'(우울, 편집 등)로 간주되는 특질과 소인을 밝히기 위해 고안되었다. 피검자는 단순히 그리고 오래 생각하지 않고 '예' 혹은 '아니오', '진실' 혹은 '거짓' 혹은 '모름'이라고만 응답하도록 요구받는다. 이렇게 제한된 응답방식은 더 자세한 해석이 필요한 이른바 '투사검사'와는 대조되는 '객관적 검사'를 유발하여, 더 높은 수준의 표준화를 가능하게 한다.

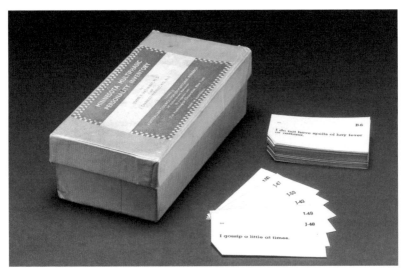

MMPI를 위한 상자와 번호가 매겨진 검사 카드

- 나는 두꺼비를 두려워하지 않는다. ___예 / 아니오

- 나의 아버지는 지배적이라고 말할 수 있다. ___예 / 아니오

- 나를 모르는 사람들은 나와 악수하기 전에 주저한다. ___예 / 아니오

- 나는 때때로 특별한 이유 없이 두려움을 느낀다. ___예 / 아니오

- 나를 질투하는 사람들이 내 경력을 방해해 왔다. ___예 / 아니오

- 나는 의사를 만나는 것을 두려워하지 않는다. ___예 / 아니오

- 내 부모님의 결혼생활은 매우 행복했다. ___예 / 아니오

- 나는 파자마를 입은 남자들을 보고 싶지 않다. ___예 / 아니오

- 나는 더 좋은 외모를 갖는 것을 원치 않는다. ___예 / 아니오

- 때때로 나는 아무 이유 없이 몹시 행복하다고 느낀다. ___예 / 아니오

- 나의 어머니는 좋은 여성이었다. ___예 / 아니오

- 나는 전염병에 걸릴까 봐 두려워하지 않는다. ___예 / 아니오

- 나는 낯선 사람들이 노래하는 것을 듣고 싶지 않다. ___예 / 아니오

- 누군가 내 차에 타려고 시도하고 있다. ___예 / 아니오

- 내 손은 아직 서툴거나 이상해지지 않았다. ___예 / 아니오

- 나는 제정신이 아니게 될까 봐 걱정된다. ___예 / 아니오

- 나는 식욕이 좋다. ___예 / 아니오

- 나는 상쾌하게 일어나서 대부분의 아침시간에 휴식을 취했다. ___예 / 아니오

- 나는 내가 도서관 사서 업무를 좋아할 것 같다고 생각한다. ___예 / 아니오

- 나는 소음으로 인해 쉽게 깬다. ___예 / 아니오

- 내 손발은 보통 충분히 따뜻하다. ___예 / 아니오

- 대부분의 시간에 나는 목구멍에 덩어리가 있는 것 같다. ___예 / 아니오

- 나는 상당한 긴장 속에서 일한다.. ___예 / 아니오

- 가끔씩 나는 너무 나빠서 도저히 말로는 표현할 수 없는 생각을 한다. ___예 / 아니오

- 나의 아버지는 좋은 남성이다. ___예 / 아니오

- 나의 어머니는 좋은 여성이다. ___예 / 아니오

- 나의 성 생활은 만족스럽다. ___예 / 아니오

- 때때로 나는 매우 많이 집을 떠나고 싶다. ___예 / 아니오

- 나는 내 주변에서 다른 사람들이 보지 못하는 사물이나 동물 혹은 사람들을 본다. ___예 / 아니오

- 나는 목 뒤에 통증을 거의 느끼지 않는다. ___예 / 아니오

- 나는 매우 중요한 사람이다. ___예 / 아니오

- 나는 시작할 수가 없어서 일처리 하지 못하는 기간이 며칠, 몇 주, 혹은 몇 달이 될 때가 있다. ___예 / 아니오

- 나는 항상 진실을 말하지는 않는다. ___예 / 아니오

- 내 판단력은 어느 때보다 더 낫다. ___예 / 아니오

- 나는 일주일에 한 번 이상 뚜렷한 이유 없이 온몸에 갑작스런 열감을 느낀다.
  ___예 / 아니오

- 거의 모든 법 조항은 폐기되는 것이 더 나을 것이다. ___예 / 아니오

- 내 영혼은 때때로 내 몸을 떠난다. ___예 / 아니오

- 나는 대부분의 친구들처럼 신체적으로 건강하다. ___예 / 아니오

- 상대가 먼저 나에게 말을 걸지 않는다면, 나는 학교 친구들이나 오랫동안 보지 못했
  지만 알고 있는 사람들을 스쳐 지나치는 것을 선호한다. ___예 / 아니오

- 나를 아는 대부분의 사람들이 나를 좋아한다. ___예 / 아니오

- 나는 올바른 삶을 살지 못했다. ___예 / 아니오

- 내 신체 일부분에서 종종 타는 듯한 느낌, 따끔거림, 혹은 뭔가 기어 다니는 느낌이
  든다. ___예 / 아니오

- 나는 때때로 두려움으로 인해 마비된다. ___예 / 아니오

- 나는 때때로 내가 바보같이 행동하리라는 것을 미리 안다. ___예 / 아니오

- 나는 종종 죄책감과 떳떳함을 동시에 느낀다. ___예 / 아니오

손디 테스트 The Szondi Test

1935년 헝가리 정신과 의사 레오폴드 손디Leopold Szondi, 1893~1986가 고안한 검사이다. 이 검사는 매우 모호하다. 여섯 세트의 정신질환자 혹은 사이코패스의 얼굴 사진에 대한 환자의 반응을 근거로 피검자의 성격을 판단한다. 각 초상화 세트는 8가지 정신증적 성격 타입, 즉 동성애, 가학증, 간질, 히스테릭, 긴장, 편집증, 우울증 그리고 광증을 포함한다. 현대 임상 심리학의 관점에서는 이와 같은 정신증 분류 방식은 터무니없는 것이므로, 이 검사에 대해 더 이상의 설명은 필요하지 않다고 생각된다. 이 검사는 유전적 친화성에 근거한 인간의 선택과 운명에 대해 상세한 이론을 수립하였으나, 현대 심리학에서는 우스꽝스러운 것으로 여겨진다.

손디 테스트 키트

카드와 해석표가 포함된 험악한 외형의 검사 키트다. 만일 심리치료사가 이와
같은 것을 꺼내든다면 핑계를 대고 그 자리를 빠져나오는 게 좋다.

:: 손디 테스트

검사 키트에는 48장의 카드가 여섯 그룹으로 나누어져 있다. 그룹별로 1번부터 8번까지의 정신질환자 얼굴 사진을 보여주고, 가장 끌리는 사진 두 개와 거부감이 드는 사진 두 개를 고르게 한다. 피검자가 선택한 사진에 해당하는 정신증의 조합을 분석하여 피검자의 성격과 충동성을 파악하는 일종의 비언어적 투사적 성격검사이다.

손디는 유전적 친화성genotropism으로 인해 사람들은 자신과 유사한 사람에게 이끌린다고 생각하였고, 이러한 유전적 요인이 피검자의 선택에 작용하는 것으로 보았다. 직업이나 배우자를 '선택'할 때 유전적 친화성의 영향을 받으며, 따라서 궁극적으로 사람의 운명에도 유전적 소인이 영향을 미친다고 보았다.

손디 테스트는 현대적 임상 현장에서는 쓰이지 않지만, 일본에서는 스마트폰 앱으로 개발되어 대중에게 알려져 있다.

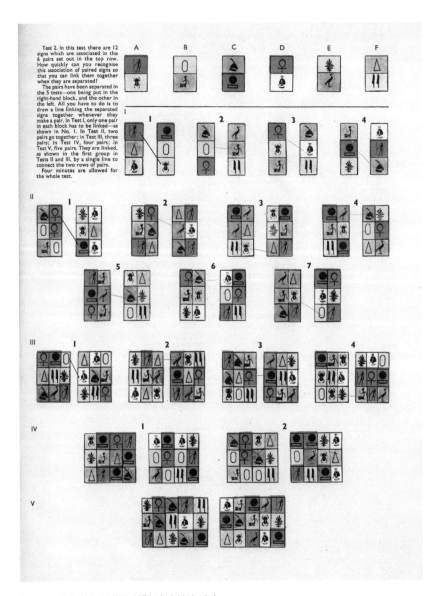

Test 2. In this test there are 12 signs which are associated in the 6 pairs set out in the top row. How quickly can you recognise this association of paired signs so that you can link them together when they are separated?

The pairs have been separated in the 5 tests—one being put in the right-hand block, and the other in the left. All you have to do is to draw a line linking the separated signs together whenever they make a pair. In Test I, only one pair in each block has to be linked—as shown in No. I. In Test II, two pairs go together; in Test III, three pairs; in Test IV, four pairs; in Test V, five pairs. They are linked, as shown in the first group in Tests II and III, by a single line to connect the two rows of pairs.

Four minutes are allowed for the whole test.

인식 및 연결 기술 평가를 위한 상징 연상 검사

맨 위에 제시된 6쌍의 서로 연상되는 상징카드를 참고하여, I∼V에서 각 1번에 제시된 것처럼 카드를 연결하되, I은 한 쌍, II은 두 쌍, III은 세 쌍, IV는 네 쌍, V는 다섯 쌍의 카드 조합을 찾으면 된다. 제한시간은 4분이다.

냄새 상상력 검사 The Odor Imagination Test

이 검사에서 눈을 가린 피검자는 다음과 같은 지시를 듣는다.

"나는 지금부터 당신에게 다양한 냄새를 맡게 할 것입니다. 내가 제시하는 각각의 냄새에 대하여 짧은 일화나 에피소드를 만들어 주길 바랍니다. 부디 마음에 가장 먼저 떠오르는 것에서 이야기를 발달시켜 보세요."

그리고 다음과 같은 냄새들이 제시된다: 생강, 세이지, 비누와 물, 아세톤, 담배, 미술용 고무지우개, 바이올렛 향수, 위스키, 유황-나프톨sulphonaphthol, 살균제로 쓰이는 페놀이나 가성화 석탄산과 유사한 화학물질로, 주로 청소용 화학제품에 많이 쓰인다, 우스터소스, 소나무, 스피어민트, 변성 알코올, 식초, 살균제, 고구마 녹말, 벤조인, 아위asafoetida, 사염화탄소, 황화수소 가스, 애프터세이브 로션, 셸락shellac, 니스를 만드는 데 쓰이는 천연수지. 바니시 제조 및 절연물질의 재료로 쓰인다, 샐러드 오일, 상한 우유, 정향유 등이다.

이 검사를 사용한 결과물은 출판된 바 없다.

: ≪투사적 기법의 핸드북≫, 베르나르 1세 머스타인Bernard I. Murstein, 베이직북Basic Books, 미국, 1965.

얼굴 검사 The Faces Test

피검자는 검사지에서 보이는 사람의 성격을 설명하도록 질문을 받는다. 최소한의 시각적 정보만이 제공되는데, 이미지의 모호함은 지각적 집중력을 유도하기 위한 의도이다. 따라서 상상적 투사가 강해진다.

1

2

3

메카도리 미술검사 The McAdory Art Test

이 검사는 1933년 마거릿 메카도리Margaret McAdory에 의해 고안된 것으로, 심미적 민감성이나 예술적 취향을 측정 가능한 심리적 소인으로 평가하는 데 도움이 되고, 예술적 적성이 드러나게 하는 데 도움을 주는 여러 검사들 중 하나이다. 어느 것이 최고의 디자인인가? 이런 판단은 분명 주관적이고 문화적으로 결정되는 것이다. 취향은 관습적이고, 적성은 타고나는 것이지만 조건적이다. 변화는 두 범주 모두에서 가능하다. 이 검사는 재미있다. 당신은 어느 것이 가장 좋은 디자인이라고 생각하는가?

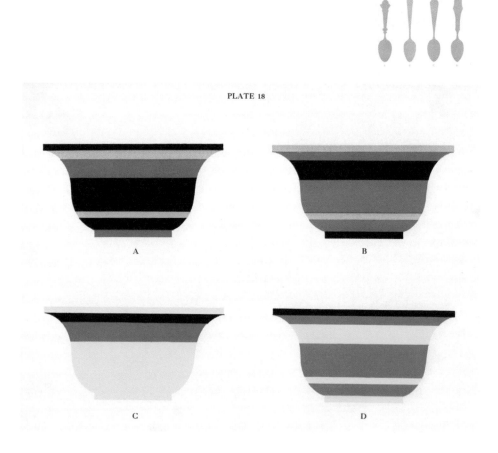

PLATE 18

PLATE 34

A

B

C

D

McAdory Art Test

Published by Bureau of Publications
Teachers College, Columbia University, New York
Copyright 1929, by Margaret McAdory

아동 심리 지능 검사 Psychological and Intelligence Test for Children

20세기 초반에 방문 소아과 의사들은 작은 수트케이스(오른쪽 사진)에 검사도구들을 담아 학교에서 학교로 들고 다녔다. 이 가방에는 장난감 블록, 다양한 크기와 모양의 건축 벽돌, 동심 상자 테스트 등이 들어 있다. 그 즈음 아동들이 어떻게 학습하는지 그리고 시험 상황에서 어떻게 스스로를 드러내는지에 대한 생각이 급격하게 변화하고 있었는데, 이 검사는 그러한 변화를 감동적으로 떠올리게 한다. 당시 지능은 배운 것을 기계적으로 반복하는 능력이 아니라 정신을 훈련하는 것으로 인식되기 시작하였다.

장난감 블록
짝 맞추기, 순서배열하기, 혹은 논리적 패턴 만들기와 관련된 아동의 능력을 시험하기 위해 20세기 초반에 고안되었다.

아동 심리 지능 검사 키트

그림 이야기 만들기 검사 MAPS: Make A Picture Story Test

1942년 미국의 심리학자 E. 슈나이드먼Shneidman에 의해 개발되었다. 피검자는 하나 이상의 종이 형상을 익숙한 환경(침실, 거리, 다리 등)에 배치하고, 주어진 이야기의 시작을 듣는다. 그런 다음 거기에 살을 붙여 자신이 배치한 장면의 이야기를 정교화하게 만들어 설명한다. 이것은 주제통각 검사(84쪽)와는 다른 투사검사이다. 심리학자는 피검자가 이야기를 만들면서 투사한 내용을 통해 피검자의 성격과 정신병리적 장애를 분석한다. 67개의 형상은 이야기를 전개하는 데 활용되는 암시와 재료들을 제공해 준다. 그저 바라보는 것만으로도 창의적 정신이 꿈틀거린다.

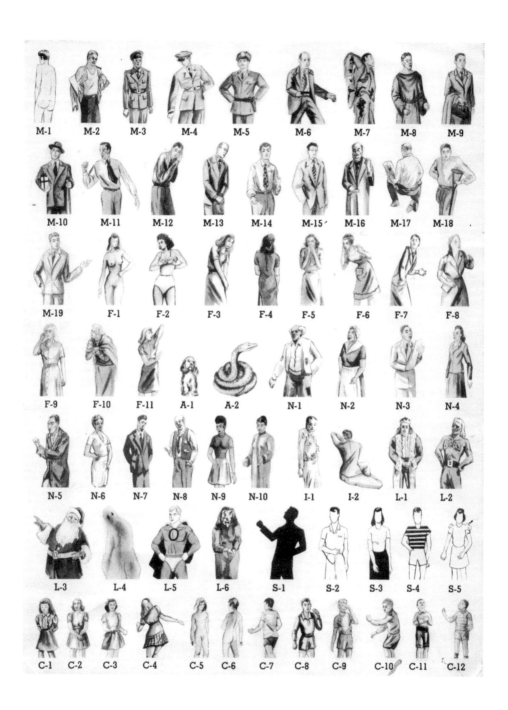

그림완성 검사 Pictorial Completion Test

이 검사는 1920년대 미국 시카고 소아 정신과 의사이자 범죄학자인 윌리엄 힐리^{William Healy}가 두 전공을 두루 결합시켜 고안한 검사이다. 검사 목적은 청소년 범죄의 조짐과 '결함' 및 '일탈' 경향을 감지하는 데 있었다. 마거릿 로웬펠드^{Margaret Lowenfeld}는 이 검사를 더 나은 목적으로 사용했다. 트라우마를 가진 아동의 문제를 진단하는 데 사용한 것이다.

각 그림에는 어떤 항목들이 빠져 있다. 피검 아동은 그림에서 빠진 부분에 들어가면 적당한 퍼즐들을 선택한다. 이때 검사자는 "공을 찾으세요"보다는 "공을 가져다 놓으세요"라고 말한다.

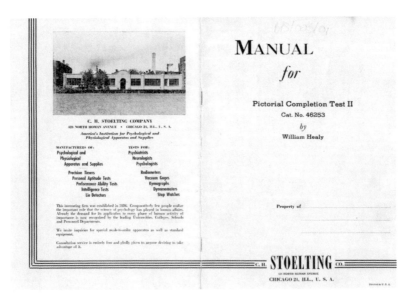

그림 완성 검사의 매뉴얼. 왼쪽 페이지에 보이는 그림완성 검사 도구의 활용 설명서이다.

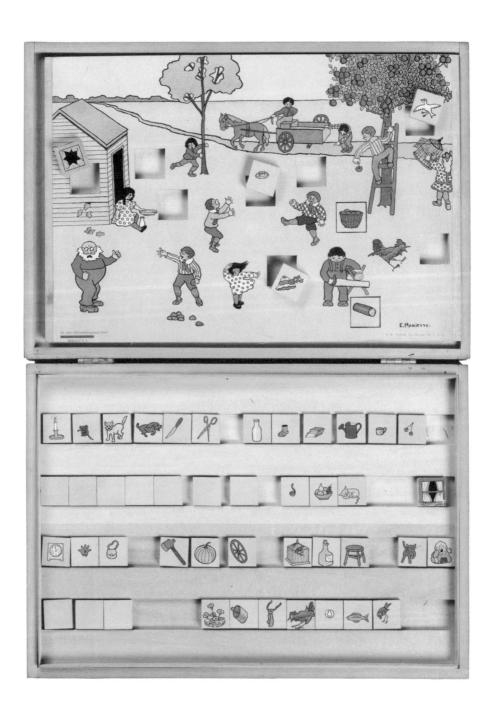

지능 및 지각 속도 검사 Intelligence and Perceptual Speed tests

존 라벤^{John C. Raven}이 1936년에 최초로 개발한 행렬추리 검사^{Raven's Matrices}는 비언어적 지능검사로 유명하다. 시작 문항은 빠진 부분을 찾는 단순한 시각적 매칭을 기본으로 하기 때문에 매우 쉽다. 그러나 점차 어려워지기 시작해서 논리적 혹은 기하학적으로 추론하여 도표를 완성하는 문항으로 이어진다. 이 검사는 투사적 검사에서와 마찬가지로 언어나 특정 문화적 이미지를 사용하지 않는다. 따라서 이 도표 유형 검사는 피검자들에게 문화적으로 공정해 보인다. 즉, 피검자들은 문화적 편향을 피할 수 있다. 오직 피검자들이 수행할 수 있는지 없는지가 중요하게 평가된다.

라벤의 행렬추리 검사 카드 가방

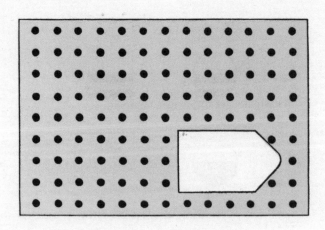

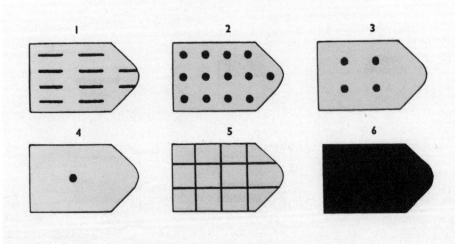

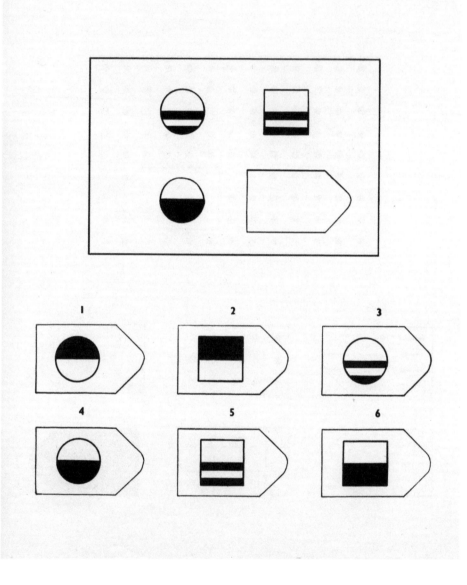

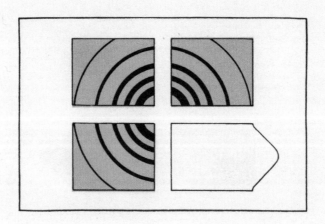

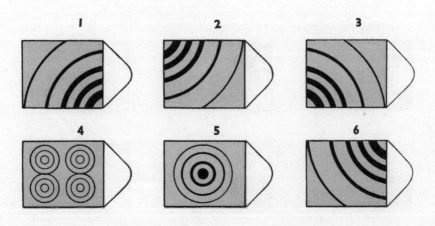

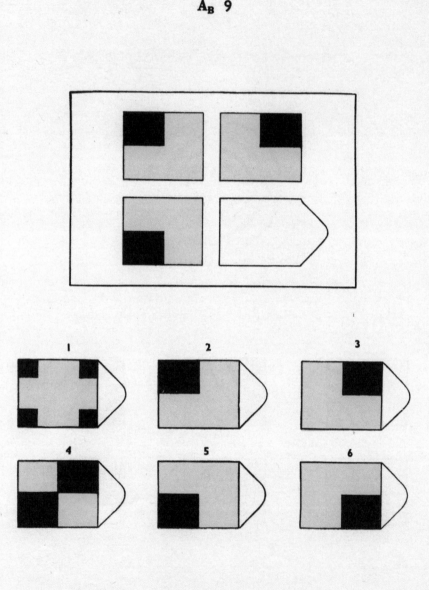

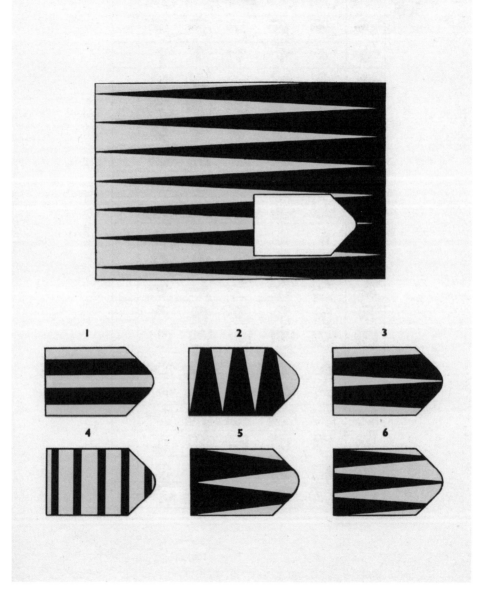

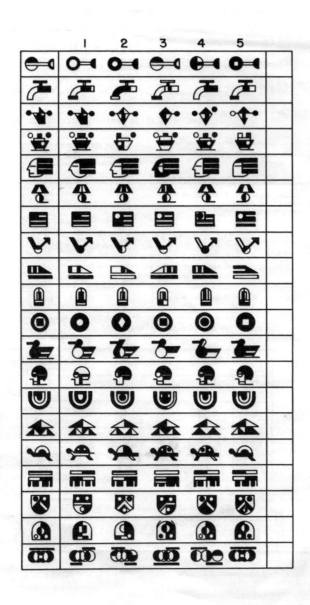

지각 속도 검사, 각 행에서 동일한 모양을 찾는 검사

62

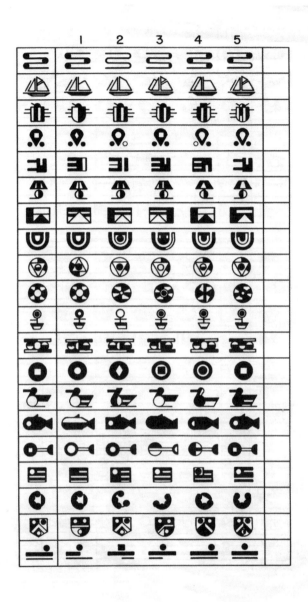

낙서 분류 차트

≪글쓰기 근육 동작 프로토콜의 주요 유형≫ 진단 차트에서 발췌. 미국, 1950년대.

2

잉크반점 검사

잉크반점 Inkblots

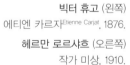

빅터 휴고의 잉크반점. 시기 불명

레오나르도 다빈치에서 초현실주의자에 이르기까지 예술가들은 추상적인 얼룩이나 잉크반점들이 상상적 그림검사의 기초를 제공할 수 있다는 것을 알았다. 위대한 문학가이자 놀라울 만큼 독창적인 데생가였던 빅터 휴고Victor Hugo는 잉크반점에 매료되어 신비로운 표식처럼 가치 있게 여겼다. 뛰어난 젊은 심리학자 헤르만 로르샤흐Hermann Rorschach에 이르러서는 (아마도 저스티누스 커너Justinus Kerner의 환상적인 그림에서 영감을 얻었을 것인데) 체계를 갖춘 잉크반점 대칭 세트가, 피검자가 투사한 내용을 통찰해내는 심리검사의 기초가 될 수 있음을 깨달았다. 1921년에 출판된 저서 ≪심리진단Psychodiagnostik≫은 그의 발상을 정교화한 것이다. 로르샤흐는 그 다음해 37세의 나이로 세상을 떠났다.

빅터 휴고 (왼쪽)
에티엔 카르자Etienne Carjat. 1876.
헤르만 로르샤흐 (오른쪽)
작가 미상. 1910.

저스티누스 커너^{Justinus Kerner}의 저서 ≪만취화: 술에 취한 그림^{Klecksographen}≫에 수록된 작품. 1890.

친구들의 글씨유령 The Ghosts of My Friends

1905년 런던에서 처음 출판된 ≪친구들의 글씨유령≫은 서명록을 대중적인 형태로 변형한 것이다. 저자는 친구들을 초대하여 펜과 잉크로 서명을 하게 하고, 그 서명 용지를 반으로 접었다 펼쳐서 접힌 면이 서로 맞닿게 하여 대칭 반점을 만들었다. 그 결과는 시적이고 희극적이며 때로는 다소 불길하기도 하다.

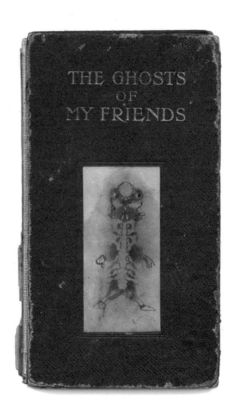

Date 6/10/10.

Name Bertha van Duren

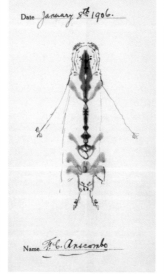

Date January 8th 1906.

Name F.C. Anscombe

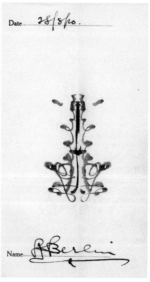

Date 28/8/10.

Name R. Berlin

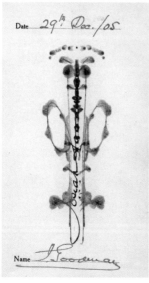

Date 29th Dec./05

Name Goodman

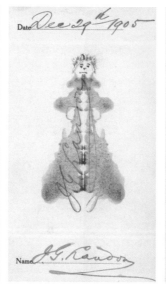

Date Dec 29th 1905

Name J.G. Random

Date January 28th 1906

Name C.F. Champion

로르샤흐 잉크반점 검사 The Rorschach Inkblot Test

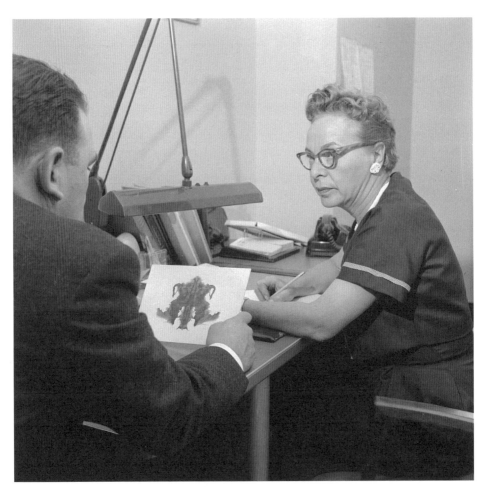

로르샤흐 검사를 받고 있는 피검자, 미국, 1951.

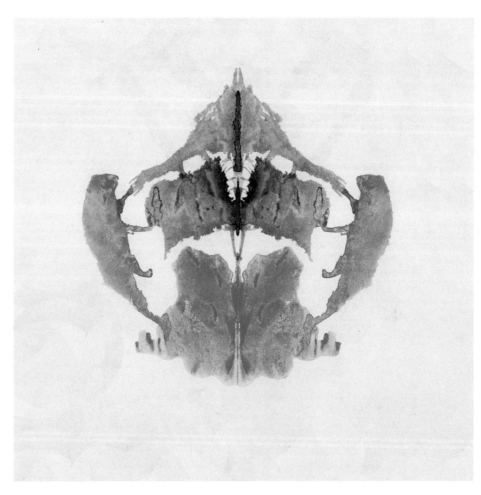

로르샤흐 잉크반점 원본, 위의 그림과 72~74쪽의 그림

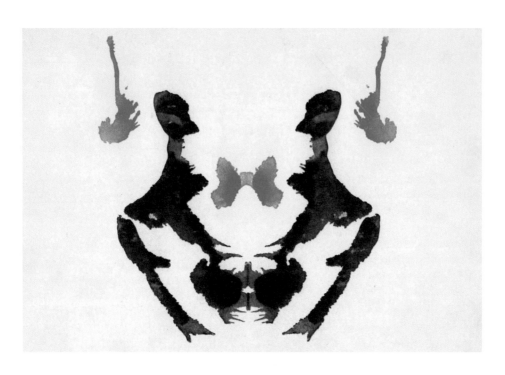

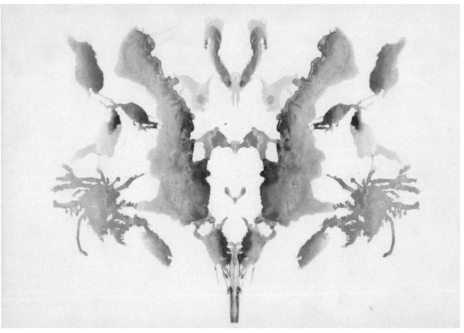

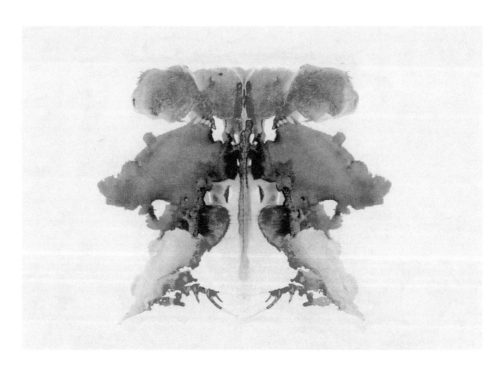

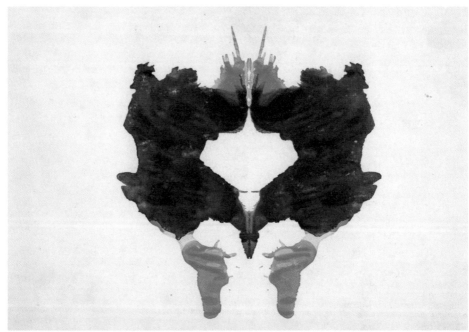

무엇이 보이는가? WHAT DO YOU SEE?

76~80쪽에는 잉크반점 그림이 수록되어 있다. 거기에서 무엇이 보이는지, 또 그것이 무엇을 의미하는지 생각해 보라. (해석은 232~241쪽 참고)

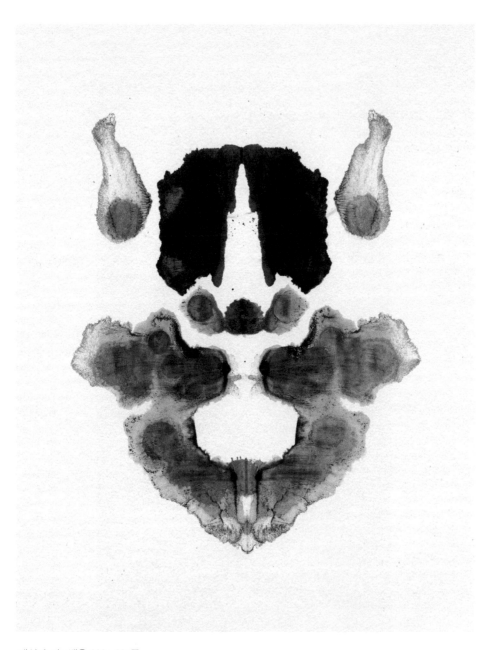

해석과 피드백은 232~234쪽

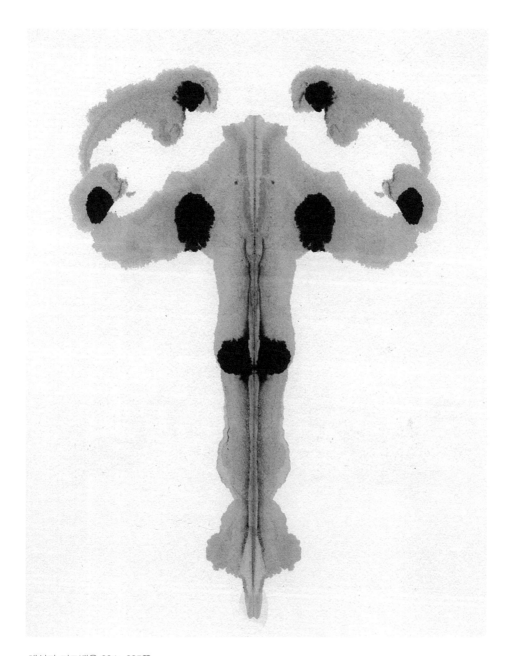

해석과 피드백은 234~235쪽

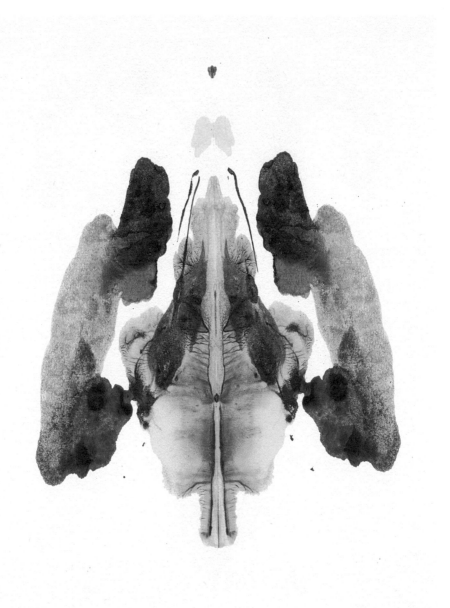

해석과 피드백은 236~238쪽

해석과 피드백은 238~239쪽

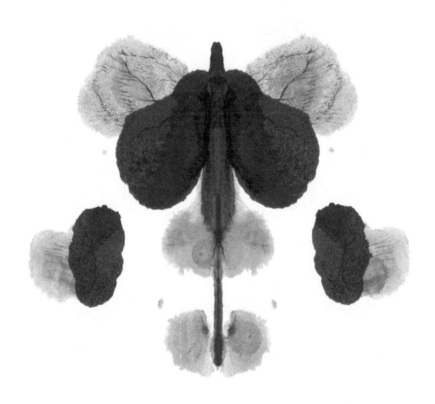

해석과 피드백은 240~241쪽

3

주제통각 검사

심리학자와 내담자. 미국, 1950.

주제통각 검사 TAT: Thematic Apperception Test

"이것은 내가 책을 읽는다기보다는, 책이 나를 읽는 것이다." : 오든[W. H. Auden]

정신과 의사 및 치료사들은 환자 혹은 내담자들이 이미지나 그림에 보이는 반응을 심리분석의 시작점으로 오랫동안 활용해 왔다. 그들이 보이는 반응에는 내면 생각이나 숨은 감정 그리고 개인적인 환상과 미확인된 희망과 두려움이 담겨 있다는 것을 발견한 것이다. 주제통각 검사는 이런 투사적 검사의 일종이다. 여기에서 '투사'란, 그림이나 이야기 같은 외부 대상 혹은 인물이나 캐릭터, 혹은 일상적 담화 속에 숨은 내적 정서나 심리적 상태를 감지하는 것을 의미한다. TAT에 사용되는 이미지는 언제나 모호하고 암시적이어서 상상력이 풍부한 해석을 가능하게 한다.

85~87쪽에 (현대 잡지에는 수록되지 않을 것 같은) 1930년대 TAT 원본 사례 몇 개가 수록되어 있다. 그 뒤를 이어서 사진작가 사라 아인슬리[Sarah Ainslie]가 이 책을 위해 특별히 촬영한 이미지들이 나온다. 사진을 보고 어떤 일이 일어나고 있는지 생각해 보자.

1930년대 TAT 원본 이미지 (87쪽까지)

어떤 일이 일어나고 있는가? What do you think is happening?

89~94쪽에는 이 책을 위해 사진작가 사라 아인슬리Sarah Ainslie가 특별히 촬영한 이미지들이 실려 있다. 당신은 사진에 보이는 상황에서 어떤 일이 일어나고 있다고 생각하는가?

4

성격검사: 정서진단 검사

영화 〈어둠 속의 여인Lady in Dark〉에 등장하는 브룩스 박사Barry Sullivan 분와 리사 엘리엇Ginger Rogers 분. 1944.

공존척도 The Coexistence Scales

누구나 하루하루를 어떻게 보낼 것인지에 대한 자신만의 생각이 있고, 각자 편안함을 느끼는 존재방식이 있다. 혼자 사는 사람들은 혼자서도 잘 지낸다. 이들은 "극단적인 것은 좋지 않으니 적당히 좀 해라"[1]는 지적을 받기도 하고, 이로 인해 서서히 변화되기도 한다. 그런데 막상 누군가와 같이 살기 시작하고, 서로 살아가는 방식의 차이를 처음으로 비교하게 되면, 상황은 새로운 국면으로 접어든다. 협상, 타협, 그리고 폭로가 삶의 장면으로 들어온다. 이런 과정을 묘사하는 한 가지 방법은 특정한 행동 유형을 평가하는 척도를 마련해, 극단적인 변이들을 양극의 끝에 두고 스펙트럼으로 펼쳐 보이는 것이다.

당신은 '나는 의사소통을 잘한다'는 척도에서 자신이 어느 정도에 위치하는지를 다른 사람들과 돌아가면서 말하고, 이와 관련된 행동의 구체적인 예시들에 대해 이야기 나눌 수 있다. 예를 들면, "어느 누구도, 절대 어느 누구도 내 휴대폰 번호를 알지 못한다"는 말이 자신에게 어떤 의미인지를 설명하는 것이다.

지금부터 사교성, 유연성, 공감, 의사소통 및 자아와 관련된 다섯 가지 척도를 살펴볼 것이다. 이 척도는 윌 홉슨^{Will Hobson}이 창안한 것이다. 어떤 문항은 너무 많은 항목과 관련되기 때문에 하나 이상의 척도가 필요해 보이는 것도 있다. 이런 것들은 더 깊은 대화로 이끄는 자극이 될 것이다.

1 "매사 적당한 게 좋다"는 오스카 와일드의 말로, 원어는 Everything in moderation, including moderation이다.

:: 사교성

"그는 모든 사람의 친구이기도 하고, 모든 이들의 적이기도 했다."[1] : 토머스 칼라일

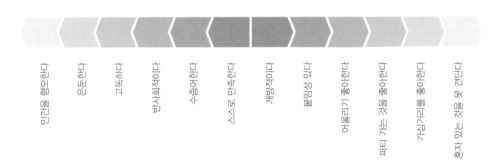

인간을 혐오한다

은둔한다

고독하다

반사회적이다

수줍어한다

스스로 만족한다

개방적이다

붙임성 있다

어울리기 좋아한다

파티 가는 것을 좋아한다

가십거리를 좋아한다

혼자 있는 것을 못 견딘다

1 토머스 칼라일Thomas Carlyle, 1795~1881은 영국의 사상가이자 역사가이다. 이 글은 ≪인간의 벗L'Ami des hommes≫(1759)을 쓴 마르키스 드 미라보Marquis de Mirabeau에 관해 쓴 글이다.

2 보 브루멜Beau Brummel은 댄디즘의 시조라 불리는 조지 브라이언 브루멜의 애칭이다. 화려하게 잘 차려입고 귀족 모임에 참석한 것으로 유명하다.

3 알렉스 퍼거슨 경Sir Alex Ferguson은 1986년에서 2013년에 맨체스터 유나이티드 축구감독을 지냈다.

4 케니 달글리시Kenny Dalglish는 스코틀랜드 축구감독으로, 셀틱 및 리버풀 FC의 공격수, 미드필더 축구선수였다.

1. 당신이 아침 신문을 읽는다면 그것은 혼자만의 활동입니까, 아니면 세상을 관찰하고 대화하기 위한 사전준비입니까? --

2. 당신은 보 브루멜[2]처럼 주최자가 당신의 행적에 대해 아무에게도 말하지 않겠다고 약속하는 조건으로 초대에 응한 적이 있습니까? ------------------------------------

3. 당신은 알렉스 퍼거슨 경[3]의 다음과 같은 말을 어떻게 생각합니까? "케니 달글리시[4]에게는 동료는 있지만 친구는 많지 않다. 그러나 그것은 아무런 문제가 되지 않는다. 왜냐하면, 결국 마지막 날에 관을 들어줄 여섯 명의 사람만 있으면 되기 때문이다."
----

4. 당신은 어딘가를 방문했거나 누군가의 방문을 받은 이후, 종종 드러누워야 할 필요를 느낍니까? --

5. 만약 친절하게 말하지 못하는 사람이 있다면, 당신은 그런 사람도 좋아하겠습니까?
----

6. 하룻밤 사이에 가장 여러 번 옷을 갈아입은 횟수는 몇 번입니까? -----------------

7. 당신은 초인종이 울릴 때 혹은 전화벨이 울릴 때, 피하거나 숨습니까? -------------

8. 당신은 대화할 내용을 미리 노트에 준비합니까? ------------------------------

9. 당신은 축제에서 오랫동안 머무른 적이 있습니까? --------------------------

10. 당신은 러시아 속담이 말하듯, '이유 없이 웃는 것은 당신을 바보로 만든다'고 생각합니까? --

:: 유연성

"사람은 그저 코르크 마개와 같다. 시냇물을 타고 흐르는 코르크처럼 스스로 홀로 인생을 걸어가야 한다."

: 르느와르Auguste Renoir, 화가

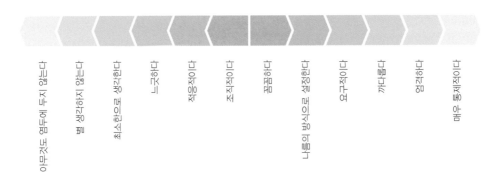

아무것도 염두에 두지 않는다

별 생각하지 않는다

최소한으로 생각한다

느긋하다

적응적이다

조직적이다

꼼꼼하다

나름의 방식으로 설정한다

요구적이다

까다롭다

엄격하다

매우 통제적이다

1. 당신이 자러 가려고 할 때, 다른 사람들도 모두 따라서 자러 가기를 기대합니까?

----

2. 당신은 누군가가 방에 있는지 먼저 확인하지 않고 방의 전등을 끈 적이 있습니까?

----

3. 당신은 다른 사람의 집을 미리 묻지도 않고 재단장한 적이 있습니까? --------------

4. 당신은 하루 몇 번이나 '나는 매우 바쁘다'라고 말합니까? --------------------

5. 당신은 어떤 일을 가장 쉽게 가장 실용적으로, 예를 들면 휴대폰을 브라나 양말에 넣는 것처럼 하려는 경향이 있습니까? 아니면 사물이 정확히 제자리에 있는 것을 좋아합니까? ---

6. 당신은 아이디어를 숙고하는 동안 모든 것을 보류합니까? --------------------

7. 당신은 일을 흐름에 맡기고 어떻게 되는지 보는 것을 좋아합니까? --------------

8. 당신은 빗자루를 들고 열심히 청소를 하거나 취침을 위해 옷을 갈아입기 시작하여, 사람들에게 돌아가라는 신호를 보낸 적이 있습니까? -----------------------

9. 당신은 일상에서 반복되는 일의 순서가 바뀌면 불안을 느낍니까? ----------------

10. 당신은 걱정해서든 혹은 다른 이유에서든 사람들의 의상이나 삶에 대해 계속해서 비평합니까? --

:: 공감

빌 샘슨: "당신은 인간적인 배려심을 가지고 있지 않나요?"

마고 채닝: "먼저 나에게 인간이 뭔지를 보여줘 봐요. 그러면 가지게 될지도 모르니."

: 영화 〈이브의 모든 것All About Eve〉에서 [1]

냉담하다　무정하다　자기 도취적이다　친밀한 관계를 맺기 어렵다　둔감하다　신만하다　자각 있다　주의를 기울인다　세심하다　예민하다　흡수하다　친절하다

1　영화 〈이브의 모든 것All About Eve〉은 연극무대의 이면에서 벌어지는 배우와 팬, 비평가와 작가 사이의 경쟁과 권모술수를 냉소적인 시선에서 고찰한 작품이다. 작품상을 비롯해 6개 부문에서 아카데미상을 수상하였다. 시나리오 및 감독 조셉 맹키위츠Joseph L. Mankiewicz, 1950.

2　조너선 스위프트Jonathan Swift, 1667~1745는 ≪걸리버 여행기≫를 쓴 영국의 소설가이자 성공회 성직자이다.

3　에밀 화이트Emil White, 1901~1989는 캘리포니아 해변 그림으로 유명한 화가이자 작가이다. 공산주의 혁명가 칼 마르크스의 구호, '만국의 노동자여, 단결하라! 그대는 쇠사슬 외에 아무것도 잃을 것이 없다'에서 유래한 제목을 그림에 붙였다. 〈만국의 이방인이여, 단결하라! 그대는 외로움 말고는 아무것도 잃을 것이 없다Strangers of the world unite, you have nothing to lose but your own loneliness〉.

1. 당신은 사람들에게 친절할 기회를 잘 줍니까? ------------------------------

2. 당신은 불행이 전염된다고 생각합니까? ------------------------------------

3. 당신은 좋은 매너를, 조너선 스위프트[2]가 말했듯이, 사람들을 편안하게 하는 것으로 여깁니까? --

4. 신뢰도를 생각할 때, 당신은 사람보다 사물을 선호하고 싶은 유혹을 느낀 적이 있습니까? --

5. 누군가 고통을 나누려고 할 때, 당신은 a) 눈을 피한다. b) 말을 가로막는다. c) 주제를 바꾼다. d) 세상이 끝나는 것은 아니라고 말한다. e) 그들과 당신의 경험을 비교한다. f) 텔레비전이나 휴대폰을 본다. g) 즉시 실용적인 조언을 한다. h) 앞의 행동들을 하지 않으려 노력한다. ------------------------------------

6. 당신은 얼마나 자격이 있다고 느낍니까? 예를 들어, 모든 사람이 매번 당신이 선택한 식당에서 식사를 할 수도 있다고 생각합니까? ------------------------

7. 당신은 남모르게 두려워하는, 당신과 비슷한 사람이 있습니까? ----------------

8. 수줍음이란, 성장과정에서 성격 특성을 적절하게 발달하게 하는 일종의 방어적 유동체와 같은 필수적인 부분이라고 생각합니까? ------------------------

9. 에밀 화이트의 그림 제목은 〈만국의 이방인이여, 단결하라. 그대는 스스로의 외로움 말고는 잃을 것이 없다〉입니다.[3] 혹시 당신도 이와 같은 감정을 느끼고 있습니까?

----

10. 관점을 온전히 바꾸느니 사막으로 들어가거나 동물들에 둘러싸이는 것이 더 낫다고 생각합니까? --

:: 의사소통

의사소통을 하지 않는 것은 불가능하다. 당신은 이 말에 찬성할 수도, 반대할 수도 없다. 자신 혹은 타인의 기준에 따르는 정도의 차이만 있을 뿐, 당신은 의사소통을 할 수밖에 없다. 당신은 그것을 하지 않을 수 없다.

: 아담 필립스^{Adam Phillips}, ≪일부일처제^{Monogamy}≫(1996)에서 발췌

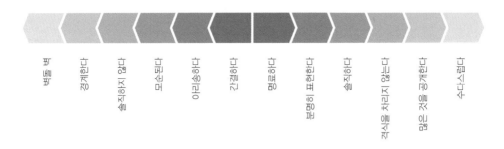

벽돌 벽 | 경계한다 | 솔직하지 않다 | 머뭇댄다 | 아리송하다 | 간결하다 | 명료하다 | 분명히 표현한다 | 솔직하다 | 격식을 차리지 않는다 | 많은 것을 공개한다 | 수다스럽다

1 영화 〈시스터즈^{Sisters}〉(2015)는 제이슨 무어^{Jason Moore} 감독의 작품으로, 철없는 자매가 우연히 마약 딜러인 존 시나와 만나면서 벌어지는 이야기를 그리고 있다. 존 시나는 마약거래를 할 때 '계속 전진^{keep going}'이라는 암호를 쓴다.

2 조르주 심농^{Georges Simenon, 1906~1989}은 벨기에 소설가로, 하루에 60~80쪽씩 매일 글을 쓴 것으로 유명하다. 특히 프랑스 경찰 메그레를 주인공으로 한 추리소설 시리즈는 75편의 장편소설과 28편의 단편소설이라는 방대한 시리즈로 저작되었다. 심농은 평생 만 명의 여자와 잠자리를 한 것으로 소문이 나 있는데, 이에 대해 그는 자신의 성적 갈망은 이성에 대한 호기심이라고 설명하였다.

1. 당신은 암호 sale word를 가지고 있습니까? 만약 그렇다면, 당신의 암호는 영화 〈시스터즈〉[1]에서 존 시나 John Cena의 '계속 전진해'만큼 멋진 것입니까? ------------------

2. 못되게 구는 것이 당신의 삶을 더 수월하게 합니까? 특히, 예술가 토머스 쉬테 Thomas Schutte가 말했듯 '예라는 대답에는 설명이 필요없다'는 이유로, 당신은 다른 사람에게 그저 "예"라고 대답하는 자신을 발견한 적이 있습니까? ------------------

3. 당신은 약혼이나 임신과 같은 본인의 큰 뉴스거리를 발표하는 최적의 때가, 타인에게 중요한 날이라고 생각합니까? ------------------

4. 당신이 잘 쓰는 이중 메시지는 무엇입니까? ------------------

5. 당신이 만약 만 명의 사람들과 잔 적이 있다면, 당신은 이것을 조르주 심농[2]처럼 의사소통이 필요하기 때문이라고 하겠습니까? ------------------

6. 당신은 끓어오르는 감정을 느끼지만, 그것을 표현하면 배가 물결에 흔들리듯 자신도 흔들릴 것이라고 생각합니까? ------------------

7. 당신은 거울 속의 당신에게 말을 겁니까? a) 아니오, b) 가끔, c) 거울 속에서 "또 만났군요"라고 대답할 정도로 습관적으로. ------------------

8. 당신은, 예컨대 슈퍼마켓 셀프계산대와 같은 인간-로봇 상호작용이 어떠해야 한다고 생각합니까? a) 보다 인간 친화적으로, b) 보다 로봇 친화적으로, c) 거부한다. ------------------

9. 보내지 않은 메일이 임시 저장함에 얼마나 많이 들어 있습니까? ------------------

10. 그루초 막스 Groucho Marx, 영화배우는 페렐맨 S. J. Perelman의 소설 ≪돈 진스버그의 복수 Dawn Ginsbergh's Revenge ≫에 대해 이렇게 말했습니다. "그 책을 집어들기 시작한 순간부터 내려놓을 때까지 나는 경련이 날 정도로 웃었다. 나는 머잖아 그 책을 다시 읽을 것이다." 당신은 이와 비슷한 방식의 인사치레를 합니까? ------------------

:: 자아

나는 6세 때 요리사가 되고 싶었다. 7살에는 나폴레옹이 되고 싶었다. 그리고 그 이후로도 내 야망은 지속적으로 커가고 있다.

: 살바도르 달리^{Salvador Dali}

1 허버트 롬^{Herbert Lom, 1917~2012}는 〈핑크 팬더〉 시리즈로 유명한 체코 영화배우다.

2 〈사막섬 디스크^{Desert Island Discs}〉는 1942년에 시작된 BBC 방송국의 유명한 라디오 담화 프로그램이다. 매주 게스트가 출현하여 무인도에 가져갈 8곡의 음악과 한 권의 책, 중요한 소지품을 소개하고, 그것들이 자신의 인생에 어떤 영향을 주었는지 등을 이야기한다.

3 오토 프레밍거^{Otto Preminger, 1906~1986}는 오스트리아 영화감독이다.

4 〈사랑과 죽음^{Love and Death}〉(1975)은 겁쟁이 청년 보리스가 입대하고 우연히 공을 세워 전쟁영웅이 되며, 이후 나폴레옹 암살을 계획하다가 총살당한다는 내용의 코메디 영화다.

5 로니 스콧^{Ronnie Scott, 1927~1996}(본명 로널드 스캣^{Ronald Schatt})은 영국인 재즈 음악가이자 재즈 클럽 경영자이다.

1. 당신은 허버트 롬[1]처럼 〈사막섬 디스크〉[2]에서 소개할 음악 가운데 하나로 자기 자신을 선택하겠습니까? 혹은 오토 프레밍거[3]처럼 당신의 자서전을 당신이 꼽는 최고의 책으로 선택하겠습니까? --

2. 대부분의 사람들이 대립을 얼마나 싫어하는지를 생각할 때, 당신은 남들이 신경질 부리는 것을 이해할 수 있는 것이라고 생각합니까? --------------------------------------

3. 당신은 주위에 있는 사람들을 재미있게 해주기 위해 당신의 길고 수정 가능한 유언장의 일부를 읽어주는 것을 고려하겠습니까? ----------------------------------

4. 우디 앨런의 영화 〈사랑과 죽음〉[4]에 등장하는 나폴레옹처럼 당신은 '위대한 발걸음'을 가지고 있습니까? --

5. 당신은 누군가 당신에게 도움을 청할 때, 절대로 괜찮지 않은 상태인데도 '좋아'라고 대답한 적이 있습니까? --

6. 당신은 다리가 길어 보이게 하려고 피아노 위에 앉은 적이 있습니까? ----------------

7. 당신은 어떤 사람이 충분히 매력적이지 않다는 이유로 함께 사진을 찍지 않으려 한 적이 있습니까? --

8. 당신은 매일 밤, 순간을 기념하기 위해 스스로 자신의 모습을 카메라로 찍습니까?
----

9. 당신은 죽고 나서 신이 될 가능성이 있습니까? ----------------------------------

10. 당신은 로니 스콧[5]처럼, 틀린 줄 알았는데 틀린 것이 아니었던 때와 같이 아주 드문 경우를 제외하고는 틀린 적이 없습니까? -------------------------------------

성격검사 Personality Inventory

어떤 특성을 누구에게 물려받았는가? 이 검사지와 다음 장에 나오는 성격나무 검사는 웰컴트러스트Wellcome Trust사의 2009년 정체성전시회the Identity exhibition를 위해 개발되었다. 표 왼쪽에 적힌 자신의 특성을 어머니와 아버지 중 누구에게서 물려받았는지 표시하고, 둘 다 아닌 경우는 '둘 다 아님'에 표시한다.

특성	어머니	아버지	둘 다 아님
코			
눈			
귀			
미소			
웃음			
목소리			
느낌			
향기			
표현			
알레르기			
몸짓 (바디랭귀지)			
유머감각			
성질머리			
농담			

특성	어머니	아버지	둘 다 아님
말투 (언행)			
범죄기록			
춤 동작			
취향			
축구 팀 (좋아하는 운동)			
기피하는 것			
운전			
패션 감각			
싫어하는 동물			
기술			
신경증			
비행 (부도덕성)			
공포증 (포비아)			
좋은 습관			
나쁜 습관			
자격사항			
별난 성격			
철학			
종교			
도덕성			
정치 성향			

성격나무 Personality Tree

맨 아래에서 시작하여 가장 높은 곳의 당신에게 닿을 때까지, 당신과 관련이 있는 이름을 기입해 넣으라.

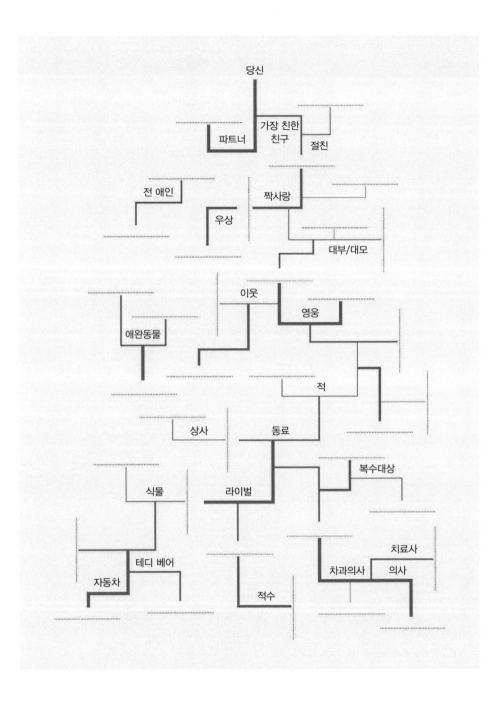

당신
파트너
가장 친한 친구
절친
전 애인
짝사랑
우상
대부/대모
이웃
영웅
애완동물
적
상사
동료
식물
라이벌
복수대상
자동차
테디 베어
적수
차과의사
치료사
의사

이야기 검사 The Story Test

이 검사는 많은 진단 전문가들에게 인기 있는 테스트 유형으로, 주제통각 검사[TAT]와 유사한 목적으로 사용된다. 이 검사에서 피검자는 대안적 전개가 가능한 이야기를 만들어 낸다. 여기에 나오는 이야기는 실제 검사에 채택되기도 하였다. 흥미롭게도 존 번연이 꿈에서 찾아갔다고 하는 ≪천로역정≫[1]과 많은 공통점을 가지고 있다. 이것은 가장 단순한 유형의 이야기 검사이다. 각 번호의 문장은 매우 제한된 숫자의 전개방식을 갖는다. (해석은 242~244쪽 참고)

1 ≪천로역정 The Pilgrim's Progress ≫은 존 번연 John Bunyan 1628~1688 이 1678년 출판한 우화 형식의 종교 소설로, 수다쟁이, 게으름뱅이, 기독교인, 허영덩어리 등의 이름을 가진 등장인물들이 멸망을 앞둔 곳을 떠나 하늘나라를 향하여 여행하는 내용이다.

1. 당신이 숲속으로 걸어 들어간다고 상상해 보세요. 밝습니까, 어둡습니까? 길이 보입니까?

   ----

2. 숲을 따라 걷기 시작합니다. 컵이 보입니다. 어떻게 생겼습니까? 그것으로 무엇을 하겠습니까?

   ----

3. 당신은 계속해서 숲을 지나갑니다. 그리고 물을 만나게 됩니다. 물은 어떤 모습입니까? 물이 흐릅니까? 얼마나 깊습니까? 당신은 그 물을 건너야 합니다. 어떻게 건너겠습니까?

   ----

4. 그리고 당신은 곰을 마주치게 됩니다. 어떤 종류의 곰입니까? 무엇을 하고 있습니까? 당신은 계속 나아가야 합니다. 어떻게 곰을 지나가겠습니까?

   ----

5. 당신은 넓은 공터에 도착하였습니다. 해변이 보입니다. 사람들을 볼 수 있습니까? 그렇다면, 그들은 얼마나 멀리 있습니까?

정서검사 The Feeling Test

심리치료사들과 상담사들은 종종 내담자에게 어떤 이미지를 보여주며 그것이 무엇인지 질문한다. 질문을 받는 순간 내담자들의 태도에서 우세한 정서나 기질이 드러난다.

이 검사는 당신의 자기인식 혹은 자존감의 현 상태를 알려주는 지침을 제공한다. 농담 같은 위트와 자기회귀적 아이러니의 수준으로 다루어지더라도, 이것은 사색적 성찰과 해석을 가능하게 하며 치료에 유용하다.

이 검사는 여전히 널리 사용되고 있다. 117쪽에 수록된 그림은 알려지지 않은 심리학자에 의해 제작된 것인데, 치료사들 사이에서는 유명한 그림이다. 그 외 모든 그림은 화가 아담 단트Adam Dant가 그린 것이다.

오른쪽에 보이는 검사는 작가 미상의 그림이지만 우리나라 상담자
들도 많이 사용한다. 이 검사는 사색적 성찰과 해석을 가능하게 하는
데, 본서에서는 그 활용도를 설명하고 있지 않다. 나의 경우, 이 그
림을 제시하고 "자신의 과거, 현재, 미래를 표현하는 모습에 각각 다
른 색으로 색칠을 해보라"며 색연필이나 사인펜을 준다. 그러면 내담
자나 집단상담 구성원들은 다양한 자기 모습을 투사해서 설명한다.
이를 통해 자신의 과거나 현재 모습을 이해하기도 하고, 바라는 자
신의 모습, 두려워하는 미래의 모습 등을 이해할 수 있도록 돕는다.

:: 동일시

당신은 자신을 어떤 인물에 동일시하는가?

쇼핑몰 (해석은 244쪽)

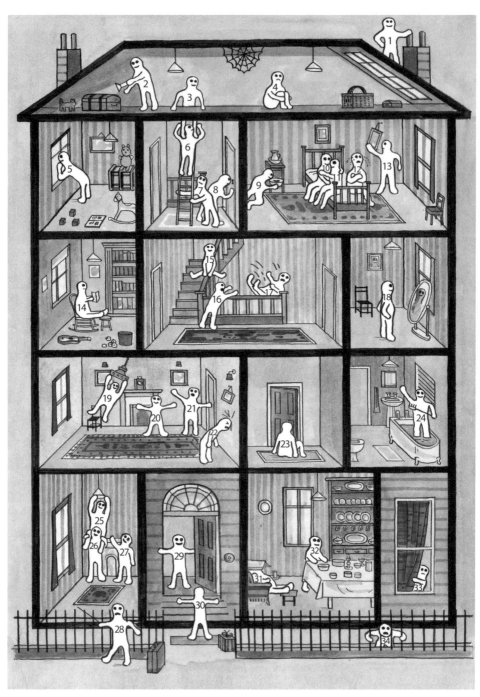

성격 특성의 집 _ 어떤 인물이 당신인가? (해석은 245쪽)

정글짐 _ 당신은 이 중 누구인가? (해석은 245쪽)

왼쪽 그림(120쪽)은 대상과 시제를 바꾸어 활용해볼 수 있다. 예를 들면, 과거, 현재, 미래의 자기 모습을 찾아보는 것이다. 다시 말해, 어린시절 집안에서의 자기 모습을 가장 잘 나타내는 것, 현재 집안에서의 자기 모습, 앞으로 집안에서의 자기 모습을 가장 잘 나타내는 것을 골라보는 것이다. 또 대상을 바꾸어 남편 혹은 아내 혹은 아이들의 모습을 골라볼 수도 있다.

현대 생활 좌절감 검사 Modern Life Frustrations Test

우리는 끊임없이 우리를 좌절시키는 방법을 찾아내는 세상에 살고 있다. 텔레비전, 잡지, 영화 그리고 광고(특히 광고)는 우리가 결코 성취할 수 없는, 끝없이 완벽한 이미지를 보여준다. 우리는 결코 영화 스크린이나 매끈한 지면 속에 살고 있는 사람들만큼 아름답지도, 부유하지도, 완벽하게 차려입거나 행복할 수도 없다. 당연히 모두 안다. 그런데도 우리는 얼마간의 행복을 느끼며 살아가는 일상의 실존적 현실 속에서, 꿈꾸는 것을 멈출 수 없다. 따라서 우리는 현대 생활에서 보통의 좌절을 자주 느끼고, 이에 대하여 다양한 방식으로 반응할 것이다. 예를 들어, 여러 차원의 공격성을 드러내거나, 우리에게 닥친 상황을 탓하거나, 혹은 아쉬웠다거나 좌절했음을 아예 부인하는 등의 서로 다른 방식의 방어기제를 사용할 수 있다.

다음에 나오는 애덤 단트Adam Dant의 코믹 시리즈는 심리학자 사울 로젠즈윅Saul Rosenzweig이 개발한 유명한 투사검사에서 영감을 받은 것이다. 이 검사는 흔한 좌절감에 대한 반응으로서의 공격성의 크기를 측정하려는 목적으로 만들어졌다. 이 검사는 두 인물이 등장하는 만화 이미지들로 구성된다. 한 명은 상대방의 좌절감이나 짜증을 유발하는 상황을 만들고, 또 무언가를 말해서 좌절과 짜증을 심화시킨다. 피검자는 비어 있는 상대방의 대화상자에 들어갈 언어적 반응을 적는다.

잠재된 공격성의 정도는 수집된 반응들의 유형과 공격성의 방향을 종합하여 평가된다. 주기적으로 공격적이거나 공격적이지 않거나, 미안해 하거나 좌절을 부인하는 유형 등이 있을 것이고, 공경성의 방향이 좌절 유발자를 향하거나 자기 자신을 향할 수도 있다. 이러한 반응 방식들은 피검자의 성격 특성 가운데 외향성 혹은 내향성에 대한 편향과 잘 연결된다. 애덤 단트의 시리즈는 평범한 일상생활의 흔한 장면에 짜증과 좌절을 만들어낼 만한 성가신 사건들을 재치 있게 그려내는 검사방식을 채택했다. 당신은 성격적으로 어떻게 응답하려고 하는지, 경향성을 발견할 수도 있다. 아니면 시나리오의 특성에 따라 혹은 기분에 따라 당신의 반응이 다양함을 발견할 수도 있다. 미리 말해둘 것은, 여기에 나오는 상황들은 성자와 같은 당신의 인내심을 시험하여 당신 속의 악마를 소환할 수도 있다는 것이다. 또는 당신 내면에서 어쩌면 좋은 동기에서 비롯되는 성자의 관용이 드러날 수도 있다.

≪로젠즈윅 그림 좌절감 연구Rosenzweig Picture-Frustration Study≫(1978)에 수록된 "스물넷the twenty-four" 가운데 세 이미지.
125～128쪽에 수록된 그림은 이 주제를 변형한 것으로, 애덤 단트가 그렸다.

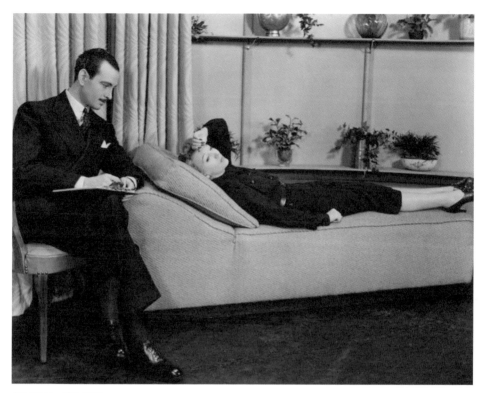

작가미상, 미국, 1932.

윌슨-패터슨 태도 검사 WPAT: Wilson-Patterson Attitude Inventory

보수성에 대한 사람들의 태도를 측정하기 위해 고안된 검사이다. '예' 혹은 '아니오'로 답하되, 확실치 않으면 물음표로 답하면 된다.

이름: _____ 성별 _____ 연령: _____

날짜: _____ 직업: _____

동호회 빛 가입 단체: _____

다음 중 선호하거나 믿는 것은 어느 것입니까?

('예', 혹은 '아니오'에 동그라미를 하시오. 만약 확실하지 않으면 물음표에 동그라미를 하면 됩니다. 맞거나 틀린 답은 없습니다. 다른 사람과 의논하지 말고 제시된 사항에 대해 가장 먼저 떠오르는 반응을 표시하고, 모든 문항에 응답하시오.)

1. 사형제도 _____ 예 ? 아니오

2. 진화론 _____ 예 ? 아니오

3. 백인 우월주의 _____ 예 ? 아니오

4. 워킹맘(직장여성) _____ 예 ? 아니오

5. 신성한 법률 _____ 예 ? 아니오

6. 포르노그래피 _____ 예 ? 아니오

7. 군비 축소 _____ 예 ? 아니오

8. 한자 공부 _____ 예 ? 아니오

9. 대마초 흡연 _____ 예 ? 아니오

10. 충성심 _____ 예 ? 아니오

11. 낙태 합법화 _____ 예 ? 아니오

12. 교회의 권위 _____ 예 ? 아니오

13. 관례적 의상 _____ 예 ? 아니오

14. 수돗물 불소 첨가 _____ 예 ? 아니오

15. 현대 미술 _____ 예 ? 아니오

16. 엄격한 규칙 _____ 예 ? 아니오

17. 체벌 _____ 예 ? 아니오

18. 기적 _____ 예 ? 아니오

19. 사회주의 _____ 예 ? 아니오

20. 히피문화 _____ 예 ? 아니오

21. 샤프롱(여성 도우미) ____ 예 ? 아니오

22. 구속복(죄수용) _____ 예 ? 아니오

23. 인종분리 정책 _____ 예 ? 아니오

24. 도덕적 훈련 _____ 예 ? 아니오

25. 사전검열 제도 _____ 예 ? 아니오

26. 산아제한 _____ 예 ? 아니오

27. 다인종 이민 _____ 예 ? 아니오

28. 금욕 _____ 예 ? 아니오

29. 친족간 혼인 _____ 예 ? 아니오

30. 성서적 진실 _____ 예 ? 아니오

31. 재즈 _____ 예 ? 아니오

32. 군사훈련 _____ 예 ? 아니오

33. 타고난 양심 _____ 예 ? 아니오

34. 남녀공학 _____ 예 ? 아니오

35. 안식일 성수 _____ 예 ? 아니오

36. 컴퓨터 음악 _____ 예 ? 아니오

37. 캐주얼 리빙스타일 ____ 예 ? 아니오

38. 여성 판사 _____ 예 ? 아니오

39. 애국심 _____ 예 ? 아니오

40. 쉬운 이혼 _____ 예 ? 아니오

41. 교복 _____ 예 ? 아니오

42. 학생들 장난 _____ 예 ? 아니오

43. 주류 판매법 _____ 예 ? 아니오

44. 십대 운전 _____ 예 ? 아니오

45. 절개(순결) _____ 예 ? 아니오

46. 스트립쇼 _____ 예 ? 아니오

47. 선의의 거짓말 _____ 예 ? 아니오

48. 제국 건설 _____ 예 ? 아니오

49. 다문화 혼인 _____ 예 ? 아니오

50. 자살 _____ 예 ? 아니오

5

작가적 상상력 질문지

작가적 상상력 질문지 Writers Imagine Questionnaires

미국 독립선언문은 잘 알려진 바와 같이 '행복 추구권'[1]을 그 자체로 양도할 수 없는 자명한 진리라고 서술하고 있다. 그러나 개인적 성취를 어떻게 측정하겠는가? 달성하기 어려운 완벽한 자족 상태를 추구하는 이 세상의 수천만 명이 다양한 부류의 정신과의사와 심리치료사, 상담사를 찾거나 개인훈련사를 고용하고, 신비로운 구루^{한두교나 시크교의 스승이나 지도자}의 발아래에 자리 잡거나 종교에 귀의하고 CD와 DVD 속 명상 선생님의 말에 귀를 기울이고 몰입한다. 사람들에게 성취감을 느끼게 만드는 것은 매우 수익성 높은 사업이 되었다.

우리는 만족감을 측정할 수 있어야 하는 매우 가치 높은 것으로 여긴다. 유전과 기질, 환경, 그리고 행복하고자 하는 의지 등 많은 변수들이 있는데, 모호한 근사값을 구하는 것 이상의 방법은 아직 없다. 사실 대부분의 사람들은 대부분의 시간에 자신들이 꽤 행복하다고 생각하는 것 같다. 연구에 의하면, 1부터 10까지의 행복지수를 묻는다면 이 세상의 그 어떤 유형과 조건의 사람이라도 대략 7이라는 대답을 할 것이라고 한다.

이 장에는 심리검사나 설문지 문항을 개발한 적이 없는 작가들에게 요청해서 만든 질문지들이 실려 있다. 이것이 만족이라는 달성하기 어려운 상태에 이르는 새로운 아이디어를 제공해 줄지도 모른다.

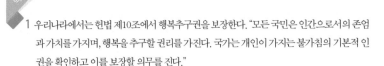

1 우리나라에서는 헌법 제10조에서 행복추구권을 보장한다. "모든 국민은 인간으로서의 존엄과 가치를 가지며, 행복을 추구할 권리를 가진다. 국가는 개인이 가지는 불가침의 기본적 인권을 확인하고 이를 보장할 의무를 진다."

과거를 탐색하고 있는 환자에 귀 기울이는 정신분석가. 뉴욕 정신분석 연구치료센터, 1956.

CB 정체성 질문지 CBIQ: The CB Identity Questionnaire

: 찰스 보일Charles Boyle, 영국 작가

문항에 대한 응답은 a), b), c)에서 골라야 한다.

    a) 진술문이 당신의 생각과 완벽하게 일치한다.

    b) 진술문이 당신에게 적용되기는 하나, 오직 부분적으로 때때로만 그렇다.

    c) 당신은 진술문에 해당하지 않는다. (해설은 246쪽 참고)

- 만약 내가 다른 이름이었다면, 나는 다른 사람이었을 것이다.   a / b / c

- 나는 평소에는 입지 않는 옷으로 차려입는 것을 좋아한다.   a / b / c

- 나는 어린 시절의 기억이 거의 없다.   a / b / c

- 나는 사실은 그렇지 않은데도 사람들이 나보다 키가 크다고 생각한다.   a / b / c

- 다른 사람들과 함께 있을 때, 나는 그들의 매너 혹은 연설 습관 등을 따라하는 자신을 발견한다.   a / b / c

- 나는 가끔 다른 성별의 누군가가 되는 상상을 한다.   a / b / c

- 나는 물건을 던지는 것을 즐긴다.   a / b / c

- 때때로 다른 사람에게 해킹당하는 느낌을 받는다.   a / b / c

- 나는 자신을 나무가 아닌 강처럼 생각한다.   a / b / c

- 어떤 논쟁에서든 나는 양측 모두에서 올바른 논점을 발견한다.   a / b / c

- 나는 종종 마음을 바꾼다. <u>a / b / c</u>

- 나는 기쁘게 향정신성 약물을 복용한다. <u>a / b / c</u>

- 길거리에서 '도둑 잡아라!'라고 외치는 소리를 들을 때, 나는 그들이 쫓고 있는 사람이 나라고 생각한다. <u>a / b / c</u>

- 성인의 행동에서 아동기의 트라우마 흔적을 찾는 것은 초점을 잃은 것이다.

  <u>a / b / c</u>

- 나는 영화나 책에서 플롯을 따라가는 도중에 길을 잃는다. 나는 풍경에 의해 산만해진다. <u>a / b / c</u>

- 나는 내가 두려움과 고통을 느끼지 못하는 다른 어떤 사람이라고 상상하며 두려움과 고통에 대처한다. <u>a / b / c</u>

- 심리검사 문항에 응답할 때 나는 나에게 적용되지 않는 응답을 한다. <u>a / b / c</u>

더 나은 삶을 위한
6가지 독서유형 질문지 Six Types of Reading for a Better Kind of Life

: 로버트 맥크럼^{Robert McCrum}, 영국 작가

로맨스: 미치광이, 애인, 그리고 시인

• 당신은 침대에서 어떤 책이나 시를 제일 읽고 싶습니까? ⎯⎯⎯⎯⎯⎯⎯

• 당신이 생각하는 가장 감각적인 단어는 무엇입니까? ⎯⎯⎯⎯⎯⎯⎯⎯

• 가장 좋아하는 소설은 무엇입니까? ⎯⎯⎯⎯⎯⎯⎯⎯⎯⎯⎯⎯

• 유혹하기 위해 어떤 책을 사용하겠습니까? 낸시 밋포드^{Nancy Mitford}의 ≪추운 기후에서의 사랑≫[1] 혹은 블라디미르 나보코프^{Vladimir Nabokov}의 ≪롤리타≫[2]? ⎯⎯⎯⎯

• 당신은 〈레딩 감옥의 노래〉[3]를 쓴 오스카 와일드^{Oscar Wilde}와 〈신사는 금발을 좋아해〉[4]를 쓴 아니타 루스^{Anita Loos} 가운데 누구와 데이트하겠습니까? ⎯⎯⎯⎯⎯⎯⎯

일: 고된 날 밤

• 당신은 다음에 나오는 한 쌍의 책 가운데 어느 쪽을 읽겠습니까?

크리스토퍼 말로[5] 혹은 윌리엄 셰익스피어 ⎯⎯⎯⎯⎯⎯⎯⎯⎯⎯⎯

에밀리 디킨슨[6] 혹은 버지니아 울프[7] ⎯⎯⎯⎯⎯⎯⎯⎯⎯⎯⎯⎯

P. G. 워드하우스[8] 혹은 헨리 제임스[9] ⎯⎯⎯⎯⎯⎯⎯⎯⎯⎯⎯

월트 휘트먼[10] 혹은 T. S. 엘리엇[11] ⎯⎯⎯⎯⎯⎯⎯⎯⎯⎯⎯⎯⎯

이안 플레밍[12] 혹은 존 르 카레[13] ⎯⎯⎯⎯⎯⎯⎯⎯⎯⎯⎯⎯⎯⎯

1 ≪추운 기후에서의 사랑Love in a Cold Climate≫은 생기발랄하고 쾌활한 로맨틱 코메디이다.

2 ≪롤리타Lolita≫는 12세 소녀를 대상으로 하는 파격적 사랑 이야기로, 소아성애라는 논란과 롤리타 신드롬을 일으켰다.

3 〈레딩 감옥의 노래The Ballad of Reading Gaol〉는 오스카 와일드가 미성년자와의 동성애 혐의로 유죄 판결을 받고 2년 동안 레딩 감옥에 수감되었던 경험을 쓴 시이다

4 〈신사는 금발을 좋아해Gentlemen Prefer Blondes〉는 여배우와 부잣집 아들이 결혼하는 과정을 그린 영화이다.

5 크리스토퍼 말로는 16세기 영국의 극작가로, 왕립학교에서 교육받았으며, 케임브리지 대학의 코퍼스 크리스티 칼리지에서 장학생으로 수학했다. ≪탬벌레인 대왕≫, ≪파우스트 박사≫, ≪몰타의 유대인≫ 등의 작품을 남겼다.

6 에밀리 디킨슨1830~1886는 미국의 시인으로, 주로 사랑, 죽음, 이별, 영혼, 천국 등을 소재로 한 명상시를 썼다.

7 버지니아 울프1882~1941는 영국의 모더니즘 작가로, 어머니의 사망 이후 우울증을 앓았으며 자살했는데, 환청, 어린시절의 성적 학대 등이 이유로 추정된다.

8 P. G. 워드하우스1881~1975는 영국의 영화 및 연극 작가로, 학교를 주제로 한 이야기와 코믹한 주인공 이야기를 많이 썼다.

9 헨리 제임스1843~1916는 미국의 소설가로 사실주의 문학을 선도했으며 일반인의 심리를 다루는 데 탁월하였다.

10 월트 휘트먼1819~1891은 미국의 기자, 수필가, 시인이며, 자유시의 아버지로 불린다. 초월주의와 사실주의적 서사시를 썼다.

11 T. S. 엘리엇1888~1965은 미국계 영국 시인, 극작가, 문학 비평가로, 시 〈황무지〉를 썼다.

12 이안 플레밍1908~1964은 영화로 널리 알려진 ≪제임스 본드≫ 시리즈의 작가이다.

13 존 르 카레1931~는 데이비드 존 무어 콘월David John Moore Cornwell의 가명이며, ≪추운 나라에서 온 스파이≫, ≪팅커≫, ≪스파이≫ 등의 첩보소설을 썼다.

정체성: 누가 거기에 갑니까?

- 당신은 익명을 선호합니까, 가명을 쓰는 것을 선호합니까? ----------------------------

- 당신은 세익스피어의 〈햄릿〉에서 레어티스[1]와 호라시오[2] 중 누구에게 동일시합니까?

- 당신은 윌리엄 새커리[1811~1863]의 베키 샤프[3]과 에밀리 브론테[1882~1941]의 캐시 히드클리프[4] 중 누구를 만나겠습니까? ----------------------------

- 당신을 울게 하는 작가는 누구입니까? -------------------------------

- 당신은 줄이 있는 종이와 빈 종이 중 어느 것을 더 선호합니까? -------------

- ≪모비딕≫[5]에 나오는 피쿼드 호 선원 가운데 누가 되고 싶습니까? -------------

- 당신은 오스카 와일드[Oscar Wilde]의 ≪도리언 그레이의 초상화≫[6] 속의 작은 배역과 토머스 하디[Thomas Hardy]의 ≪무명의 주드≫[7] 속의 작은 배역 가운데 어느 쪽을 선택하겠습니까? ----------------------------------

고독: 사람은 섬이 아니다

- 당신은 다음 두 가지 중 어느 쪽을 더 선호합니까?

  무대 희곡 읽기 혹은 소설 읽기 --------------------------------------

  바닷가 혹은 교외 --

  버튼[8] 배역 연기 혹은 코리올레이너스[9] 배역 연기 ------------------------

  리어왕[10] 역할 연기 혹은 프로스페로[11] 역할 연기 ------------------------

  미스터 다르시[12] 되기 혹은 로빈슨 크루소 되기 ------------------------

  ≪드라큐라≫의 한 장면 패러디하기 혹은 ≪길 위에서≫[13]의 한 장면 패러디하기

  ----

1 레어티스는 햄릿이 사랑한 여인 오필리어의 오빠로, 햄릿과 결투하여 죽음에 이른다.

2 호라시오는 햄릿에게 유령이 된 아버지의 소식을 전해준 친구이다.

3 베키 샤프는 영국 상류사회를 풍자하고 인간의 위선을 꼬집은 소설, ≪허영의 시장Vanity Fair≫
   의 여주인공이다.

4 캐시 히드클리프는 ≪폭풍의 언덕≫에 나오는 인물로, 히드클리프가 사랑했던 여인 캐서
   린의 딸이다. 히드클리프의 아들 린튼과 결혼했다가 린튼 사망 후 새로운 삶을 살게 된다.

5 ≪모비딕≫은 허먼 멜빌의 소설로 처음 우리나라에 소개될 때는 ≪백경≫으로 번역되었
   다. 인간과 자연의 투쟁을 다룬 소설로, 거대한 향유고래와 피쿼드 호 선원들의 분투기를
   담고 있다.

6 ≪도리언 그레이의 초상화≫는 아름다운 청년 도리언 그레이가 젊음을 유지하며 악행을 저
   지르는 동안 그의 초상화가 대신해서 추악하게 늙어간다는 내용이다.

7 ≪무명의 주드≫는 토머스 하디의 마지막 소설로, 사촌 사이인 주드와 수의 이루어질 수 없
   는 사랑 이야기이다.

8 버튼은 셰익스피어의 〈한여름 밤의 꿈〉에 등장하는 인물로, 요정의 여왕과 사랑에 빠지고
   요정의 왕에 의해 당나귀가 되는 방직공이다.

9 코리올레이너스는 셰익스피어의 마지막 비극 〈코리올레이너스〉에 등장하는 주인공이다.
   외적의 침입으로부터 로마를 구하는 영웅이지만, 로마 엘리트적 사고방식으로 민중에 의해
   적으로 규정되고 살해당한다.

10 리어왕은 셰익스피어의 비극 〈리어왕〉의 주인공이다. 세 딸 중 유일하게 입에 발린 거짓
    말을 하지 않는 막내딸에게 서운함을 느끼고 멀리 하지만, 뒤늦게 후회하며 죽음에 이른다.

11 프로스페로는 셰익스피어의 〈템페스트〉 속 등장인물로, 밀라노의 공작이지만 추방당하여
    외딴 섬에 살고 있는 위대한 마법사이다.

12 미스터 다르시는 ≪오만과 편견≫의 등장인물로, 차갑고 오만에 가득 찬 듯 보이는 첫인상
    과는 달리 사려 깊은 사람이다.

13 ≪길 위에서≫는 미국 비트 제너레이션의 대표적 소설가이며 시인인 잭 케루악1922~1969의
    방랑 경험을 바탕으로 쓴 자전적 소설이다. 덧붙여, 비트 제너레이션은 경제적 풍요 속에서
    개개인이 거대한 사회조직의 한 부속품으로 전락하여 획일화, 동일화되는 것에 대항한 방
    랑자적인 문학 예술가 세대를 이르는 말이다.

- ≪호밀밭의 파수꾼≫을 다시 읽는다면,

  당신은 10대 시절을 후회하겠습니까? -----------------------------

  원예사[ㄷ]와 관련된 노작[努作]들을 참고하겠습니까? -----------------

  제롬 데이비드 샐린저[1]가 괴짜라고 생각합니까? -----------------

  맨해튼 행 비행기를 예약하겠습니까? -----------------------------

해외로: 다리엔의 최고봉[2]

- 가장 좋아하는 여행도서는 어느 것입니까? -----------------------

- 해외에 있는 사람 중에 누구의 집에 가장 방문하고 싶습니까? -------

- 당신은 서머셋 모옴[3]과 함께 무어풍의 빌라에서 지내는 것과 윈스턴 처칠과 함께 수
  상 관저에서 지내는 것 중 어느 쪽을 선호합니까? -----------------

- 포스터[E. M. Foster]의 ≪인도로 가는 길≫[4]과 러디어드 키플링[Rudyard Kipling]의 ≪킴≫[5] 가운데
  하나를 고르시오. ---

- 조셉 콘래드[Joseph Conrad]의 ≪어둠의 심연≫[6]과 나이폴[V. S. Naipaul]의 ≪강의 만곡≫[7] 가운
  데 하나를 고르세요. --

- 헤밍웨이와 키웨스트[8]에서 한잔하겠습니까, 아니면 그리니치 빌리지에서 잭 케루악[9]
  과 저녁시간을 보내겠습니까? -----------------------------------

- 웨인[Mark Twain]의 ≪유랑≫[10]과 로버트 루이스 스티븐슨[Robert Louis Stevenson]의 ≪아마추어 이
  주민≫[11] 가운데 하나를 고르시오. -------------------------------

1 제롬 데이비드 샐린저는 ≪호밀밭의 파수꾼≫의 저자이다.

2 다리엔의 최고봉Silent, upon a peak in Darien은 1816년 영국 낭만주의 시인 존 키츠John Keats의 시 〈채프맨의 호메르스를 처음 보았을 때On First Looking into Chapman's Homer〉의 한 구절이다. 채프맨은 호메르스 작품을 번역한 사람이다.

3 서머셋 모옴1874~1965은 ≪달과 6펜스≫를 쓴 영국 작가로 윈스턴 처칠과 생몰연도가 같다.

4 ≪인도로 가는 길A Passage to India≫은 인도인 의사 아지즈가 영국 여성 여행자들을 만나 겪는 여러 일을 통해, 지배와 피지배, 계급, 성별, 종교 간 갈등 등 다양한 인도의 모습을 그렸다.

5 ≪킴Kim≫은 인도에서 태어난 영국인 소년의 성장을 다룬 이야기이다.

6 ≪어둠의 심연Heart of Darkness≫은 영화 〈지옥의 묵시록〉의 원작소설로, 아프리카에서 코끼리 상아를 매매하는 어느 백인에 관한 이야기로 제국주의를 비판하는 관점으로 쓰였다.

7 ≪강의 만곡A Bend in the River≫은 인도 무슬림 무역상의 관점에서, 독립 이후 급변하는 불안정한 아프리카의 정세를 관찰한 내용이다.

8 키웨스트는 헤밍웨이가 거주했던 미국 플로리다의 휴양지이다.

9 잭 케루악1922~1969은 미국 비트 제너레이션의 대표적 소설가이며 시인이고, 그리니치 빌리지는 케루악이 1950년대에 주로 활동하던 뉴욕 맨해튼의 지역이다.

10 ≪유랑Roughing It≫(1872)은 마크 트웨인의 자전적 미국 서부 여행기이다. 마크 트웨인은 총 다섯 편의 여행기를 썼는데, ≪유랑≫은 ≪지중해 유람기The Innocent Abroad≫(1869)의 프리퀄그 이전의 일들을 다룬 속편로 쓴 것이다.

11 ≪아마추어 이주민The Amateur Emigrant≫은 남편과 별거 중인 유부녀와 사랑에 빠졌지만 부모의 반대로 이루어지지 않자 가난으로 병들고 힘든 몸으로 사랑하는 여인을 찾아 캘리포니아로 간 여정을 그린 소설로, 작가의 경험을 바탕으로 한 작품이다.

병마: 누구를 위하여 종을 울리나?

- 서머셋 모옴[1]과 코난 도일[2] 가운데 누구에게 치료받고 싶습니까? ‒‒‒‒‒‒‒‒‒‒‒‒‒‒‒‒‒

- 데이비드 로렌스[3]와 존 키츠[4] 가운데 누가 되고 싶습니까? ‒‒‒‒‒‒‒‒‒‒‒‒‒‒‒‒‒‒‒

- 몸이 편치 않을 때, 당신은 좋아하는 소설과 스릴러 중 어느 것에서 위안을 얻습니까? ‒‒‒

- 마리 셸리의 ≪프랑켄슈타인≫[5] 커트 보니것의 ≪제5도살장≫[6] 가운데 하나를 선택하시오. ‒‒

- 당신은 병원에서 힐러리 맨틀[7]과 마거릿 애트우드[8] 가운데 누구의 방문을 받고 싶습니까? ‒‒‒

- 당신은 마지막 대화를 클리브 제임스[9]와 나누고 싶습니까, 크리스토퍼 히친스[10]와 나누고 싶습니까? ‒‒‒‒‒‒‒‒‒‒‒‒‒‒‒‒‒‒‒‒‒‒‒‒‒‒‒‒‒‒‒‒‒‒‒‒

- 스티븐 킹[11]과 앤 타일러[12] 가운데 누가 책을 읽어주면 좋겠습니까? ‒‒‒‒‒‒‒‒‒‒

1 서머셋 모옴은 《달과 6펜스》, 《인간의 굴레》 등을 쓴 영국 작가이다.

2 코난 도일은 〈셜록 홈즈 시리즈〉를 쓴 영국 작가이다.

3 데이비드 로렌스[1885~1930]는 영국의 소설가로, 《채털리 부인의 사랑》, 《연애하는 여성들》 등을 써서 외설 논란을 일으키기도 했다. 45세에 결핵으로 사망했다.

4 존 키츠[1795~1821]는 영국 낭만주의 시인으로, 중세풍의 송가를 많이 썼고, 폐결핵으로 25세의 젊은 나이로 요절했다.

5 《프랑켄슈타인》은 과학 실험으로 만들어진 괴물이 자신을 창조한 프랑켄슈타인 박사에게 증오심을 갖게 되면서 벌어지는 이야기를 담고 있다.

6 《제5도살장》은 공상과학 소설에 풍자와 유머가 들어간 작품으로, 시간여행자가 제2차 세계대전 드레스덴 미군 포로수용소를 경험하는 내용이다.

7 힐러리 맨틀[1952~]은 영국 훈장을 받은 작가로, 역사 소설을 많이 썼다.

8 마거릿 애트우드[1939~]는 캐나다 여성주의 작가로, 인권, 환경, 정치적 참여와 관련된 글을 많이 썼다.

9 클리브 제임스는 영국에서 활동하는 호주 출신 작가이자 방송인으로, 토크쇼와 라디오 프로그램을 진행하고 있다. 바디 빌더였던 아놀드 슈왈츠제너거에게 "호두를 채운 갈색 콘돔" 같다고 말해 유명세를 탔다.

10 크리스토퍼 히친스[1949~2011]는 《신은 위대하지 않다》를 쓴 작가로, 무신론자이며 우상 타파를 주장하였다. 종교인에 대한 신랄한 비판을 많이 하였고, 반유대인 정서를 지지하여 비난을 받기도 하였다.

11 스티븐 킹[1947~]은 《쇼생크 탈출》, 《그린마일》, 《미저리》 등을 쓴 베스트셀러 미국 작가이다.

12 앤 타일러[1941~]는 퓰리처상을 수상한 미국 작가로, 《우연한 여행자》, 《종이시계》 등을 썼으며 언론과의 접촉을 피하는 것으로 알려져 있다.

일상의 죄책감 검사 EGT: Everyday Guilt Test

: 케이트 플링거Kate Pullinger, 캐나다 작가

이 검사는 아침에 실시하는 것이 좋다. 죄책감이 일상생활에 어떤 영향을 미치는지 판단하는 데 도움이 될 것이다. a)는 4점, b)는 3점, c)는 2점, d)는 1점으로 하여 각 점수를 모두 합한다. 당신의 죄책감 지수는 얼마인가? (해석은 246쪽 참고)

• 아침에 일어났을 때, 당신은 _____ a / b / c / d

a) 더 일찍 일어났으면 좋았을 것이라고 생각한다.

b) 더 잘 잤으면 좋았을 것이라고 생각한다.

c) 일어나지 않았으면 좋았을 것이라고 생각한다.

d) 그저 일어나서 하루를 시작한다.

• 당신이 아침식사를 하는 동안 _____ a / b / c / d

a) 아침에 먹는 것이 전부 당분이라는 사실에 좋지 않은 마음이 든다.

b) 라디오를 향해 소리를 지르고, 누가 그 소리를 들었을까봐 걱정한다.

c) 균형 잡힌 식단을 위해 이후의 식사를 신중하게 계획하고, 아침을 다 먹은 다음에는 그 계획을 기억한다.

d) 좋아하는 곡을 콧노래 하며 어제 신문의 퍼즐 맞추기를 완성한다.

- 전화기를 집어들었을 때, 좋아하지 않는 가족parents이나 동료 혹은 친구로부터 8개의 부재중 메시지가 있다는 것을 확인한다면, ___a / b / c / d___

  a) 메시지를 읽지 않은 채 삭제한다.

  b) 그가 태어나지 말았으면 좋았을 것이라고 생각하고 그 생각을 뉘우친다.

  c) 나중에 해결하자고 스스로에게 되뇌인다.

  d) 차분하게 메시지에 응답한다.

- 회사, 학교, 혹은 바Bar로 가기 위해 운전석에 앉았을 때, ___a / b / c / d___

  a) 자전거를 보며, 자전거를 구입할 생각을 도대체 왜 했을까 의아해 한다.

  b) 지난밤 이웃을 데려다주기로 한 약속을 기억한다. 그러나 어쨌거나 그들을 태우지 않고 가버린다.

  c) 자동차 배기가스가 어떻게 세상을 파괴하는지, 그리고 그에 대해 아무것도 하지 못하는 당신이 얼마나 무력한지를 생각한다.

  d) 당신이 좋아하는 라디오 방송을 틀고 리듬에 몸을 맡긴 채 마을을 지나간다.

성^性적 취향 질문지 The Sex Questionnaire

: 닐 바트렛^{Neil Bartlett}

이 문항들은 닐 바트렛의 미술집 ≪주저하십니까?^{Would you mind?}≫에 수록된 것으로, 2015년에 런던의 성과학 연구소^{The Institute of Sexology}의 전시회를 위해 웰컴트러스트^{Wellcome Trust} 사의 웰컴 컬렉션^{Wellcome Collection}에 권리가 위임되었다. 전시회가 종료된 후, 19,287개의 설문 문항들은 웰컴 도서관에 보관되었다. 현재 이 도서관은 성의 역사에 대한 미래의 연구자들에게 완전히 개방되고 있다.

이 질문지에는 25개의 문항이 있다. 이 문항은 전부 성적 취향에 관한 것이다. 모든 문항에 반드시 대답하지 않아도 좋다. 원하는 문항에만 대답해도 된다.

1 알프레드 킨제이^{Alfred C. Kinsey}는 미국의 동물학자이자 성 연구가로, 미국에서 남성 5,300명, 여성 5,940명과의 개인적인 인터뷰를 바탕으로 다양한 형태의 성행위에 대한 '킨제이 보고서'를 발표해 커다란 반향을 불러일으켰다.

:: 파트 1. '당신'에 관한 문항

1. 당신은 성적인 행동을 할 때나 성에 대한 이야기를 할 때, 아니면 양쪽 모두에 관하여 대체로 솔직한 편입니까? ---

2. 당신은 보다 더 솔직해지기를 원합니까? ---

3. 최고의 성적인 경험과 최악의 성적인 경험 가운데 어느 쪽이 당신에게 더 큰 영향을 미쳤습니까? 그것은 어떤 경험입니까? ---------------------------------------

4. 요즘 당신이 겪는 성적인 문제 가운데 가장 큰 것은 무엇입니까? 그것이 당신의 문제라고 생각합니까, 아니면 전반적인 사회적 원인으로 인한 문제라고 생각합니까?

   ----

5. 다음의 단어나 문장 중 당신의 성적인 생활을 가장 잘 묘사하는 것은 어느 것입니까?
   (결정한 다음 동그라미를 하세요. 복수 응답 가능)
   예기치 못한 / 아무 일 없는 / 부자연스러운 / 사랑스럽지 않은 / 관습적이지 않은
   상상력이 부족한 / 무보수의 / 참을 수 없는 / 예측할 수 없는 / 절제 없는 / 예상외의
   완전히 훌륭한 / 성생활 없음

6. 알프레드 킨제이[1]는 자신의 연구원들이 어떠한 형태의 성적 행동에도 반대하지 않는다고 주장했다. 만약 당신이 킨제이의 연구원이었다면, 어떤 종류의 성적인 행동에는 개인적으로 이의를 제기한다고 밝히겠습니까? -------------------------------------

7. 요즘 당신의 성생활에서 가장 자신있는 것은 무엇입니까? -------------------------

8. 그리고 가장 부끄러운 것은 무엇입니까? ---------------------------------------

9. 더 좋은 성관계를 갖는 것이 당신을 더 좋은 사람으로 만들어 줍니까? -------------

10. 당신이 페미니스트가 되는 것이 더 좋은 성관계를 갖게 합니까? -------------------

11. '더 좋은' 성관계라는 생각 자체가 핵심에서 벗어난 것입니까? 당신은 '더 좋은' 말고 어떤 단어를 사용하겠습니까? ---

12. 미래가 당신을 돌아본다면, 당신을 어떻게 분류할 것 같습니까? 개척자, 전형적 본보기, 예외적 인물, 징후적 인물, 혹은 괴물, 아니면 전혀 다른 어떤 것으로 분류할 것 같습니까? --

:: 파트 2. '우리'에 대한 질문

13. 1994년 영국에서 출간된 성 관련 태도와 라이프스타일에 관한 전국 조사 보고서는 〈우리는 아직 성적인 다양성을 수용하는 문화로 진입하지 못했다〉고 진단합니다. 당신은 이 진단이 현재 우리가 살고 있는 세상에서도 옳다고 생각합니까? -------------
----

14. 만약 여전히 그렇다고 생각한다면, 얼마나 많은 세월이 지나면 달라질 것이라고 생각합니까? 당신은 그러한 때를 앞당기기 위한 구체적인 행동을 제안할 수 있습니까? --

15. 당신의 국가가 성적인 다양성을 받아들인다고 생각한다면, 당신은 그것이 좋은 일이라고 생각합니까? 왜 그렇습니까? 혹은 왜 그렇지 않습니까? ----------------------
----

16. 같은 맥락에서, 아래의 단어나 구 가운데 3개 이상을 포함하여 온전한 진술문장을 작성해 보십시오.
기쁨 / 나눔 / 후회 / 수치심 / 몸 / 신체들 / 희망 / 트랜스젠더 / 어린이 / 요즘
과거에 / 미래에 / 보다 더 / 보다 덜 / 너무 많은 / 너무 적은 / 모두 / 씨름 / 성
여성 / 동성애 / 남성 / 사람들 / 쾌락 / 결코 / 결국 / 내 생애 / 모든 사람들

----

17. 어떤 직종의 사람이 대중에게 성교육을 실시해야 한다고 생각합니까? _____

----

18. 당신에게 성에 대하여 유용한 것을 가르쳐준 사람이 있었습니까? 만약 있었다면,
    언제 어디서 누구로부터 교육이 이루어졌는지 말할 수 있습니까? _____

----

19. 당신은 배운 것을 누구에게 가르쳐 주겠습니까? _____

20. 어렵지만 중요한 질문입니다. 포르노그래피가 도움이 됩니까? _____

21. 1927년도에 브로니스와프 말리노프스키Bronislaw Malinowski는 ≪야만사회에서의 성과 억
    압Sex and Repression in Savage Society≫이라는 책을 썼습니다. 만약 당신이 요즘 사회에서 성이
    어떻게 작용하는지, 혹은 작용하지 못하는지에 대한 책을 쓸 예정이라면, 어떤 제목
    을 붙이겠습니까? _____

22. 만약 당신이 당신의 정체성에 관한 한 가지를 바꾸고 성관계를 갖기 위해 시간과
    공간을 초월한 곳으로 갈 수 있다면, 누구와 어디로 시간여행을 떠나겠습니까?

----

23. 성관계에서 여성의 방식 중 하나를 당신이 바꾸거나, 허락하거나, 가정하거나, 금지
    하거나, 혹은 성관계 갖는 것을 격려할 수 있다면, 무엇을 하겠습니까? _____

----

24. 성관계에서 남성의 방식 중 하나를 바꿀 수 있다면, 무엇을 바꾸겠습니까? _____

----

25. 마지막으로, 어쩌면 가장 중요한 질문이 될 텐데, 만약 당신이 다른 사람들에게 당
    신의 성에 대한 한 가지 질문을 할 수 있다면, 어떤 질문을 하겠습니까? _____

故 제인 콜리지The late Jane Coleridge 정신분석적 심리치료사. 〈헤드스페이스Head Space〉 시리즈 ≪심리치료적 환경의 사진Photographs of Psychotherapeutic Environments≫에 수록된 사진, 닉 커나드Nick Cunard 작품, 2003.

인터뷰하고 있는 알프레드 킨제이 박사, 미국, 1955.

상황적 문제 검사 The Matter in the Wrong Place Test

: M. H. 요커^{Yorke}

칼 융^{Carl Jung}은 흙이 엉뚱한 곳에 있는 것이 문제이지, 더러운 것은 아니라고 생각했다. "사람들이 문명 때문에 더럽혀지는 것이고, 자연에 닿을 때마다 깨끗해진다"고 하였다.

156~157쪽에 나오는 시나리오를 읽고, 너무 오래 생각하지 말고, 가능한 한 정직하게 문항에 대한 응답을 선택하라. 제일 처음 떠오르는 응답이 가장 좋은 응답일 수 있다. 답을 한 다음에는 a)는 1점, b)는 2점, c)는 3점, d)는 4점으로 해서 점수의 합을 구한다. (해설은 247쪽 참고)

상황적 문제 검사^{Matter in the Wrong Place Test}는 '먼지는 더러운 게 아니다. 다만 잘못된 장소에 놓여 있으면 문제가 된다^{Dirt is not dirt, but only matter in the wrong place}'는 인용구에서 나온 것으로 상황에 따라 사물의 의미 혹은 가치는 재평가될 수 있다는 사고를 바탕으로 한 검사이다.

- 당신이 고대하던 중요한 휴가를 맞이하였다. 그리고 호텔 방에 들어가는 순간 우는 수탉이 있음을 알아차렸다. ___a / b / c / d (점수 : ___)

  a) 이 시골스러운 신선한 울음소리를 반긴다.

  b) 이것이 어쩌면 문제가 될지도 모른다고 느낀다.

  c) 이것이 문제를 일으키게 될 것임을 안다.

  d) 호텔 직원에게 이것에 대해 무엇을 해줄 수 있는지 묻는다.

- 당신은 복권에 당첨되어 거의 말하지 않았던 사람과 함께 2주 동안 열대 무인도에서 지내게 되있다. ___a / b / c / d (점수 : ___)

  a) 대화 없는 14일간의 일정이야말로 정확히 원했던 것이라고 생각한다.

  b) 이것이 과연 흥미로울지 완전히 확신할 수 없다.

  c) 금방 지루해질 것을 안다.

  d) 생각만으로도 불안과 공포로 가득 찬다.

- 당신은 아침에 개운치 않은 상태로 일어났다. 컵 하나를 엎고 예상치 못한 곳에 발가락을 찧었다. 또 회사로 가는 길에 교통사고를 낼 뻔했다. ___a / b / c / d (점수 : ___)

  a) '나와 내 주변의 것들이 어긋난다'고 혼잣말한다.

  b) 세상이 당신에 반해 음모를 꾸미는 것 같다는 느낌으로 다소 불안감을 느낀다.

  c) 피곤한 것 같으니 일찍 잠자리에 드는 것이 좋겠다고 스스로에게 말한다.

- 당신이 읽는 잡지에는 별자리 운세가 나온다. ___a / b / c / d (점수 : ___)

  a) 만족의 순간을 아껴두고 별자리 운세가 나올 때까지 처음부터 순서대로 읽는다.

  b) 틀림없이 별자리 운세부터 먼저 확인한다.

  c) 눈으로 해당 쪽을 살피는 동안. 다른 지면도 관련이 있다는 생각을 멈출 수 없다.

  d) 별자리 운세를 읽지 않고 넘어간다.

• 당신의 배우자(파트너)는 지날 때마다 주전자 뚜껑을 여는 귀찮은 습관을 가졌다.

a/b/c/d (점수:)

    a) 각자의 방식대로 살아가는 법을 연습한다.

    b) 각자의 방식대로 살아가는 법을 연습할 방법을 모색한다.

    c) 배우자(파트너)에게 물이 끓을 때까지 주전자를 그대로 놔두는 것이 더 유익하다는 점을 정중하게 설명한다.

    d) 금지령을 내리고 이 나쁜 습관을 초장에 뿌리 뽑아야 한다고 생각한다. 이것은 결국 다른 나쁜 행동으로 이어질 수 있기 때문이다.

• 당신은 이웃과 잘 지내지 못한다. 그것은 상황적으로 불가능하기 때문이다.

a/b/c/d (점수:)

    a) 그 이웃이 집단 무의식을 나타내는 것은 아닐까 의심한다.

    b) 사정을 알아보기 위하여 다른 이웃에게 여론을 조사하여, 그 지역의 다른 사람들은 당신의 이웃을 어떻게 지각하고 있는지를 확인한다.

    c) 신중하게 사건 일지로서의 일기를 쓰기 시작한다. 그것은 훗날 분쟁이 일어날 때 도움이 될 것이다.

• 마지막 순간이 임박했을 때를 생각하면, 당신은 그 순간을……   a/b/c/d (점수:)

    a) 위대한 모험처럼 생각한다.

    b) 목표로 생각한다.

    c) 해방으로 생각한다.

    d) 슬픈 종결로 생각한다.

도나 바신Donna Bassin 박사. 심리치료사. 2009, 뉴욕. 정신의학 전문의 세바스찬 짐버만Sebastian Zimmermann 작품.

그럴 듯한 이야기 A Likely Story

: 윌 이브스^{Will Eaves}

이것의 목적은 개연성을 규명하는 것이 아니다. 응답자들에게 자기 삶에서 우선순위와 가능성에 대한 지각을 평가하는 방법을 제공하기 위함이다.

세 줄의 진술문 그룹이 있다. 각 그룹의 세 진술문에 순서를 매겨보라. 당신의 선택에 설명을 붙이거나 의구심을 표현해도 좋다. 올바른 순서는 없다. 어떤 사람에게는 명백하거나 중요하거나 적당해 보이는 것이, 다른 사람에게는 그렇지 않을 수 있다. 진술문에 기발하거나 신비로운 생각의 강력한 요소가 관련되어 있다고 느껴질 수 있다.
선호 순서는 논의의 시작점이 된다.

집에서 (At home)

내가 극심한 고통 가운데 살고 있다면, 나는 이겨낼 수 없을 것이다. ------------------

내가 병에 걸린다면, 나는 여전히 잘 먹으려고 노력할 것이다. ------------------

내가 누군가와 그저 대화를 할 수 있다면, 나는 좋아질 것이다. ------------------

만약 집이 깨끗하다면, 내 기분은 나아질 것이다. ------------------------------------

만약 때때로 집이 더럽다면, 나는 그것이 중요하다고 생각하지 않을 것이다. -----------

만약 부엌에서 쥐를 보았다면, 방역 회사에 전화할 것이다. ------------------

만약 이웃사람이 넘어지면, 그것은 나에게도 책임이 있는 것이다. ------------------

만약 내가 작은 수리를 해야만 한다면, 나는 더 큰 일에 대해 걱정할 것이다. -----------

만약 나의 파트너에게 다른 사람이 생긴다면, 나는 때가 되면 극복할 것이다. -----------

만약 내 기분이 저조하다면, 나는 공식적인 문서를 회피할 것이다. ------------------

만약 내가 행복하다면, 돈과 계산서에 대해 덜 신경을 쓸 것이다. ------------------

만약 예상하지 않았던 노크 소리가 나면 나는 얼어붙을 것이다. ------------------

일터에서 (At work)

나는 사람들이 제대로 설명한다면 어려운 일도 배울 수 있다. _____

내 시간에 대해 금전적으로 보상받지 못했더라도 나의 시간은 가치 있다. _____

내가 새로운 기술을 조작하는 방법을 배우기엔 너무 늦었다. _____

지휘권을 가진 사람들이 나를 향해 미소 지으면 드물긴 하지만 고무적인 신호다. _____

만약 당신이 신체적으로 매력적이라면 급여 협상에 유리할 것이다. _____

권력을 가진 사람들은 자신에게 항상 감사하는 자들을 선호한다. _____

이름 뒤에 붙는 알파벳 글자[1]들은 무언가의 증거라고 추측한다. _____

내가 쓸모 있는 일을 하고 있다는 느낌은 중요한 것이다. _____

벌어지고 있는 일에 대해 동의하지 않지만. 감히 불평을 하지도 않는다. _____

나는 직장에서 중요한 친구들을 사귀었다. _____

나도 실수를 한다. 따라서 타인을 평가하는 것을 주저한다. _____

나는 노동조합 주장의 요점을 이해하지 못한다. _____

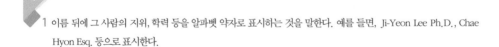

1 이름 뒤에 그 사람의 지위, 학력 등을 알파벳 약자로 표시하는 것을 말한다. 예를 들면, Ji-Yeon Lee Ph.D., Chae Hyon Esq. 등으로 표시한다.

일반적으로 (At large)

재앙이 점점 더 커진다면 재활용이 다 무슨 소용이겠는가? --------------------------------

'당신의 정원을 가꾸라'는 좋은 경험적 규칙이다. ---

나는 우주 바깥을 생각하는 것이 좋은 휴식이 된다는 것을 알게 되었다. ----------------

시사 문제들을 잘 챙겨서 기억하는 것이 도움이 된다. ---------------------------------

나는 신념이라기보다는 습관적으로 투표한다. ---

내가 지역 정치에 관여한다면, 결국 촬영당할 것이다. ---------------------------------

가난한 사람들에게 미안하지만, 나는 내가 가진 것에 자격이 있다고 생각한다. -----------

나의 자녀들은 다른 어떤 때보다 나와 함께 있을 때 더 안전하다. ----------------------

가끔씩 어린이들이 거칠게 뛰어다녀도 괜찮다. ---

인류가 종말로 가는 것을 무엇으로든 막을 수 있다. ---------------------------------

미래에 대해 정말로 생각하는 내용을 말하는 것은 항상 좋지는 않다. --------------------

훌륭한 운전자들도 사고를 낼 수 있다. ---

수줍음 질문지 TSQ: The Shyness Questionnaire

: 찰스 보일Charles Boyle, 영국 작가

각 문항에서 a) 혹은 b)를 고르되, 만약 둘 다 이상적인 응답이 아니라고 생각한다면 둘 중 더 적절하다고 생각되는 것을 고르면 된다. (해석은 248쪽)

• 열흘간의 휴가를 어디에서 보낼 것인가? ____ a / b
 a) 라스베이거스   b) 지중해 휴양지

• 마술사가 청중 가운데 도움을 줄 사람을 찾는다. 당신은 ____ a / b
 a) 손을 든다.   b) 무릎 아래를 본다.

• 당신은 ____ a / b
 a) 11살 이후로 얼굴을 붉혀본 적이 없다.   b) 종종 얼굴을 붉힌다.

• 당신은 새로운 행성을 발견하여 그 행성에 이름을 붙이게 되었다. ____ a / b
 a) 당신의 이름을 따라 짓는다.   b) 애완동물 이름을 따라 짓는다.

• 당신이 매력적이라고 여기는 사람과 대화를 할 때, 당신은 ____ a / b
 a) 아름다운 눈을 가지고 있다고 말한다.   b) 이름이 예쁘다고 말한다.

• 케이크가 딱 한 조각 남았다. 그것을 먹기 위해서 당신은 ___a / b___
    a) 그냥 먹는다.   b) 세 번의 권유를 받을 때까지 참는다.

• 도시에서 길을 잃고 방향을 알 필요가 있을 때, 당신은 ___a / b___
    a) 첫 번째 만나는 사람에게 길을 묻는다.   b) 지도를 산다.

• 회의에서 당신은 ___a / b___
    a) 첫 번째로 말하는 사람이다.   b) 마지막에 말하는 사람이다.

• 만약 당신이 작가라면, 당신은 ___a / b___
    a) 극작가가 되겠다.   b) 소설가가 되겠다.

• 가게 주인이 당신에게 10달러에 대한 거스름돈을 주었다. 그러나 당신은 20달러를
    지불했다. 당신은 ___a / b___
    a) (항의하며) 소란한 구경거리를 만든다.   b) 어깨를 으쓱하고 그냥 걸어 나간다.

• 티셔츠를 입을 때 당신은 ___a / b___
    a) 슬로건 무늬를 선호한다.   b) 꾸미지 않은 것을 선호한다.

• 파티에서 누군가 당신을 찾는다면 당신은 틀림없이 ___a / b___
    a) 가라오케에서 노래를 부르고 있을 것이다.
    b) 책장에 꽂혀 있는 책의 제목을 보고 있을 것이다.

• 사랑을 나눌 때, 당신은 불을 _____ a / b
  a) 켜는 것을 선호한다.   b) 끄는 것을 선호한다.

• 공항 보안검색대까지 1킬로미터가 넘는 긴 줄이 서 있다. 당신은 _____ a / b
  a) 비행기 출발시간이 10분 남았다고 알리며 앞으로 나선다.
  b) 그냥 맨 뒤에 줄을 선다.

• 취업을 위해 당신은 _____ a / b
  a) 영업 부서에 지원할 것이다.   b) IT 부서에 지원할 것이다.

• 당신은 이 설문지에 응답을 할 때, 아마도 _____ a / b
  a) 다른 사람들과 함께 할 법하다.   b) 사람 없는 곳에서 할 법하다.

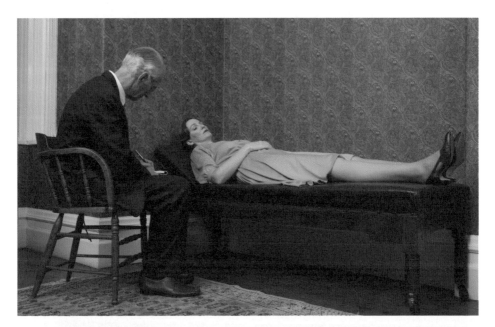

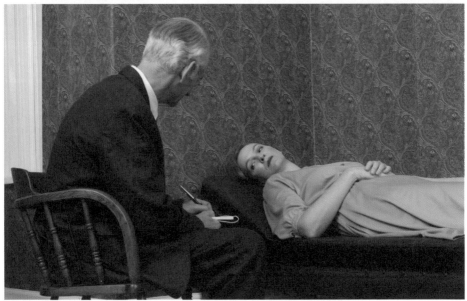

정신과 의사와 환자 _ 초기 정신과 의사들을 촬영한 사진 속 환자들은 거의 대부분 여성이다.

마크 엡스타인Mark Epstein 의사, 심리치료사. 뉴욕, 2012. 정신의학 전문의 세바스찬 짐머만 작품.

강의노트에 수록된 질문지

1980년 미국의 실험적 예술가 폴 덱Paul Thek이 제자들을 위해 개발한 문항들에서 발췌한 것으로, 여기에는 '창의성은 예술가의 성격 특성의 모든 측면과 밀접하게 연관되어 있다'는 그의 신념이 반영되어 있다. 특히 아름다움을 향한 감정과 함께 사랑, 성, 그리고 폐쇄적인 개인 관계들과 같은 성격 특성은 모두 창의성과 관련되어 있다. 요제프 보이스Joseph Beuys, 독일의 예술가는 "모든 사람은 예술가다"라고 말했다. 내적 성찰은 예술적 창조의 통로이다.

- 친구 사이에서 당신은 무엇을 요구합니까? 애인에게는? 동료에게는? ----------------

- 당신은 데이트할 때 무엇을 합니까? --
- 데이트의 목적은 무엇입니까? --
- 당신은 혼전 성관계를 괜찮다고 생각합니까? --
- 당신과 부모님 사이에 있는 어려움의 주요 근원은 무엇입니까? 선생님들과의 문제
  의 근원은? 친구와의 문제의 원인은? --

- 당신의 롤모델은 누구입니까? --
- 지금 이 순간 가장 가까운 사람은 누구입니까? --

- 지금 이 순간 당신과 물리적으로 가장 가까이 있는 사람은 누구입니까? ⎯⎯⎯⎯⎯

- 당신의 삶에서 기쁨을 느끼는 가장 큰 근원은 무엇입니까? ⎯⎯⎯⎯⎯⎯⎯⎯

- 당신이 누군가를 사랑한다는 것을 어떻게 알 수 있습니까? ⎯⎯⎯⎯⎯⎯⎯

- 누군가가 당신에게 관심이 있다는 것을 어떻게 알 수 있습니까? ⎯⎯⎯⎯⎯

- 당신이 행복하거나, 슬프거나, 긴장하거나, 지루하다는 것을 어떻게 알 수 있습니까? ⎯⎯⎯⎯⎯⎯⎯⎯⎯⎯⎯⎯⎯⎯⎯⎯⎯⎯⎯⎯⎯⎯⎯⎯⎯⎯⎯⎯⎯⎯⎯

- 만약 당신이 절대적인 권력으로 행동했다면 어떨 것 같습니까? ⎯⎯⎯⎯⎯

- 이 세상에서 제일 아름다운 것은 무엇입니까? ⎯⎯⎯⎯⎯⎯⎯⎯⎯⎯⎯⎯⎯

- 예술의 목적은 무엇입니까? ⎯⎯⎯⎯⎯⎯⎯⎯⎯⎯⎯⎯⎯⎯⎯⎯⎯⎯⎯⎯⎯⎯

- '영적인 것'은 당신에게 어떤 의미입니까? ⎯⎯⎯⎯⎯⎯⎯⎯⎯⎯⎯⎯⎯⎯⎯

- 당신에게 있어서 인생 최고의 어려움은 무엇입니까? ⎯⎯⎯⎯⎯⎯⎯⎯⎯⎯

- 행복에 이르는 가장 확실한 방법은 무엇입니까? ⎯⎯⎯⎯⎯⎯⎯⎯⎯⎯⎯

- 여성의 매력은 무엇입니까? 남성의 매력은 무엇입니까? ⎯⎯⎯⎯⎯⎯⎯⎯⎯
  ⎯⎯⎯⎯⎯⎯⎯⎯⎯⎯⎯⎯⎯⎯⎯⎯⎯⎯⎯⎯⎯⎯⎯⎯⎯⎯⎯⎯⎯⎯⎯⎯⎯⎯⎯⎯

- 당신은 여기에 왜 있습니까? ⎯⎯⎯⎯⎯⎯⎯⎯⎯⎯⎯⎯⎯⎯⎯⎯⎯⎯⎯⎯⎯

- 당신이 겪은 것 가운데 정신적으로나 육체적으로나 가장 큰 상처는 무엇이라고 생각합니까? ⎯⎯⎯⎯⎯⎯⎯⎯⎯⎯⎯⎯⎯⎯⎯⎯⎯⎯⎯⎯⎯⎯⎯⎯⎯⎯⎯⎯⎯

- 충만하게 사는 삶의 특성은 무엇이라고 생각합니까? ⎯⎯⎯⎯⎯⎯⎯⎯⎯⎯

- 당신을 성적으로 매력적이게 만들기 위해 무엇을 합니까? 왜 그것을 합니까? ⎯⎯⎯
  ⎯⎯⎯⎯⎯⎯⎯⎯⎯⎯⎯⎯⎯⎯⎯⎯⎯⎯⎯⎯⎯⎯⎯⎯⎯⎯⎯⎯⎯⎯⎯⎯⎯⎯⎯⎯

분노 수준 검사 How Angry Are You?

: 패트리시아 던커 Patricia Duncker

이 설문지에 묘사된 국내사건 및 전문사건 혹은 시나리오들은 모두 정확한 것이다. a), b), c) 가운데 하나를 고르라. (해석은 248~249 참고)

1. 텔레비전 위성이 반복해서 고장 났습니다. 당신은 서비스센터에 전화를 걸었고, 그들은 또다시 처음부터 끝까지 자가 수리 절차를 따라해 보라고 제안하였습니다. 이 방법은 지난 세 번의 고장 상황에서 아무런 효과가 없었습니다. 당신은, ____a / b / c
   a) 서비스센터를 향해 거칠게 욕하고 안내원을 위협하겠습니까?
   b) 당신의 배우자 혹은 파트너에게 와서 해결해달라고 하겠습니까?
   c) 전화기를 내동댕이치고, 위성상자를 떼어내 전깃줄을 빼고 창밖으로 던지겠습니까?

2. 이웃의 거대한 상록수 울타리는 당신 집과 정원을 어두워 보이게 만듭니다. 당신의 이웃은 상록수 울타리를 자르는 것을 거절했습니다. 당신은, ____a / b / c
   a) 그를 불러 빛이 가려지는 것을 지적하고 울타리를 낮추는 비용의 반을 지불하겠다고 제안하겠습니까?
   b) 한밤중에 직접 울타리를 난도질해서 이웃집 현관에 쌓아두겠습니까?
   c) 이웃의 정원을 완전히 불태우겠습니까?

3. 당신은 신중한 운전자입니다. 당신은 교통 대기선에 멈추어섰는데, 뒤차는 멈추지 못하고 당신 차의 후방을 들이받아 상당한 손상을 입혔습니다. 당신은, _____ a / b / c

   a) 경찰을 부르고 상대방 보험회사의 정보를 묻겠습니까?

   b) 눈물을 쏟고 씩씩거리며 이 차가 부모님의 차이며, 부모님이 용서하지 않을 거라는 사실을 말하겠습니까?

   c) 상대방 운전자를 찌르겠습니까?

4. 당신은 회사에서 밀려나고 있음을 느꼈습니다. 당신이 다가가면 동료들은 조용해지거나 대화의 주제를 고의로 바꿉니다. 당신은, _____ a / b / c

   a) 노조에 조언을 구하거나 선배 매니저와의 만남을 모색하겠습니까?

   b) 그들의 이메일을 해킹하여 진실을 밝히고 당신의 의심을 확인하여 그들에게 익명으로 협박하겠습니까?

   c) 협박 전문 폭력배를 고용하고 그에게 동료들의 집 주소를 주어 보내겠습니까?

5. 당신이 집에 갑자기 귀가했을 때,

– 당신의 인생 파트너가 누군지 모르는 다른 사람과 _____ a / b / c

   a) 당신 파트너와 같은 성별의 인물이

   b) 당신과 다른 성별의 인물이

   c) 명백하게 당신이나 파트너보다 20년 이상 어린 인물이

 – 함께 침대에 있는 것을 발견했습니다. 당신은 _____ a / b / c

   a) 조용히 문을 닫고 집을 빠져나오겠습니까?

   b) 소리를 지르기 시작해서 멈추지 않겠습니까?

   c) 당신의 옷을 전부 찢고 침대에 뛰어들어 그 둘과 함께 거친 성관계를 갖겠다고 고집하겠습니까?

6. 당신의 위험한 이웃이 당신의 고양이를 목 졸라 죽이고 문간에 사체를 펼쳐서 못 박 았습니다. 그리고 동물을 자신의 땅에는 얼씬거리지 못하게 하라는 경고의 메시지를 남겼습니다. 당신은, _____ a / b / c

a) 경찰을 부르고 이 사건을 신고하겠습니까?

b) 독을 품은 쥐를 잘 배치하여 그의 고양이를 죽이겠습니까?

c) 총으로 그를 쓰러뜨리겠습니까?

심리학자와 환자. 미국. 1960.

꿈 자각 조사 DAS: Dream Awareness Survey

: 데렉 린제이Derek Linzey

"무의식을 의식할 때까지, 그것은 당신 삶을 지배하고, 당신은 그것을 운명이라고 부를 것이다." : 칼 융

당신은 어떻게 '꿈속의 자신nocturnal self'과 접촉하는가? 꿈은 우리에게 깨어 있는 삶에 대해 많은 것을 이야기해 준다. 다음에 나오는 꿈 요약을 읽고 a)와 b)와 c) 가운데 가장 그럴 듯한 해석을 고르라. (해설은 247~252쪽 참고)

1. 당신이 전원지대 너머에서 훌쩍 솟아오르는 꿈을 꾸었습니다. <u>a / b / c</u>

   a) 당신은 과대망상의 고통을 겪을 위험에 처해 있습니다.

   b) 당신은 행글라이더를 타야 합니다.

   c) 당신의 인생은 잘 흘러갈 것입니다.

2. 당신이 학생인 꿈을 꾸었습니다. 그 꿈에서 당신은 준비가 안 된 채 시험을 치러야 했습니다. 이것은 상당한 불안을 야기하였습니다. <u>a / b / c</u>

   a) 당신은 가르치는 직업을 추구하지 말아야 합니다.

   b) 당신은 현재 겪고 있거나 앞으로 겪게 될 사건이나 상황에 대해 걱정하고 있습니다.

   c) 당신은 다른 사람의 평가에 신경을 씁니다.

3. 꿈속에서 당신은 침대 아래에 곰이 잠들어 있는 것을 발견하였습니다. 당신은 곰을 깨울까 봐 두려움에 떨고 있습니다. _____ a / b / c

   a) 당신은 강한 내면의 힘을 깨우는 것을 경계하고 있습니다.

   b) 당신은 곰 공포증으로 고통받고 있습니다.

   c) 당신은 지독하게도 집안일에 소홀해 왔습니다. 침대 밑을 청소할 필요가 있습니다.

4. 꿈속에서 당신은 남성이며, 어느 여성과 레슬링을 하고 있습니다. _____ a / b / c

   a) 당신은 당신과 아내를 위해 더 큰 침대를 구입할 필요가 있습니다.

   b) 당신은 내면의 여성성과 남성성의 더 나은 균형을 맞춰야 합니다.

   c) 당신은 어쩌면 성 전환을 고려하고 있는지도 모릅니다.

5. 꿈에서 당신은 지하철에 탑승하고 있습니다. 기차에서 내리려고 하였으나 그렇게 하지 못하도록 방해받았습니다. _____ a / b / c

   a) 당신 인생은 당신의 통제 밖에 있습니다.

   b) 당신은 낯선 지역으로 여행하는 것이 편안하지 않습니다.

   c) 당신은 자전거로 통근해야 합니다.

디지털 의존성 지수 DDI: Digital Dependency Index

: 데렉 린제이 Derek Linzey

"이것은 필히 자동이어야만 한다. 그러나 사실 버튼을 눌러야만 작동한다."

: ≪잔지바르에 서다 Stand on Zanzibar≫ 중에서, 존 브루너 John Brunner, 1968

우리는 점점 더 디지털화되는 세상에 살고 있다. 당신은 디지털 기기에 얼마나 의존하고 있는가? 다음의 문항에 응답하라. 매우 놀라운 것을 발견하게 될 것이다. 당신이 고른 번호의 숫자를 합한 것이 당신의 디지털 의존 점수이다. (해설은 252~253쪽 참고)

• 만약 싱글이 된다면, 당신은 어떻게 다른 이성을 만날 것입니까? 1 / 2 / 3 / 4

1. 박물관 선물코너 혹은 사회 모임에서 대화를 나누기 시작하면서

2. 신문의 데이트 광고를 보고 연락하여

3. 온라인 데이트 서비스를 이용하여

4. 지역에 기반한 데이트 앱, 혹은 사회모임 찾기 앱을 이용하여

• 당신은 동네의 잘 모르는 곳을 어떻게 찾아갑니까? 1 / 2 / 3 / 4

1. 당신 배우자의 틀림없는 방향감각에 의지하여

2. 종이지도를 찾아서

3. 자동차의 GPS 시스템을 이용하여

4. 스마트폰의 지도 앱을 이용하여

• 당신이 친구나 친척과 개인적인 소식들을 주고받는 방법 중 가장 선호하는 것은 무엇입니까? 1 / 2 / 3 / 4

    1. 차 한잔 혹은 술 한잔을 앞에 두고 만나서 대화하기

    2. 편지를 쓰기

    3. 전화를 걸기

    4. 140자 이내의 텍스트를 쓰거나 인스타그램에 포스팅하기

• 당신은 신체단련 수준을 어떻게 유지하거나 확인합니까? 1 / 2 / 3 / 4

    1. 연 2회 재단사를 찾아가는 것으로

    2. 욕실 체중계를 확인하는 것으로

    3. 지금까지 몇 걸음을 걸었는지 알려주는 기기의 기능을 이용해서

    4. 스마트워치의 명령에 따라 매시간 자리에서 일어서는 것으로

• 화재가 일어났습니다. 당신은 다음 중 어떤 순서대로 손을 뻗겠습니까?

    1 / 2 / 3 / 4

    1. 아이, 배우자, 애완동물, 스마트폰

    2. 아이, 배우자, 스마트폰, 애완동물

    3. 아이, 스마트폰, 배우자, 애완동물

    4. 스마트폰, 아이, 배우자, 애완동물

자아 건강 검진 EGO HEALTH CHECKUP : Derek linzey

"인생은 짧다. 나는 시시한 말에 귀를 기울일 수 없다." : 나이폴 경 V. S. Naipaul

적절하게 균형 잡힌 자아 Ego 는 정신건강에 매우 중요하다. 당신의 자아 건강을 판단하기 위해 가능한 한 정직하게 다음의 문항에 대답하라. 각 문항에 당신이 응답한 번호를 적고, 그 숫자를 모두 합하라. (해설은 253~254쪽 참고)

• 누군가 당신을 칭찬하면 당신은,   1 / 2 / 3 / 4

1. 고개를 끄덕이고 당연하게 받아들인다.

2. 얼굴을 붉히고 칭찬을 받아들인다.

3. 누구를 칭찬한 것인지 뒤를 돌아보며 그 사람이 어디 있는지 확인해 본다.

4. 나를 칭찬한 사람에게 숨은 동기가 있는지 면밀히 살펴본다.

• 거울을 볼 때, 당신은 무엇을 봅니까?   1 / 2 / 3 / 4

1. 당신이 꿈꾸던 그 사람

2. 흠은 있지만 매력적인 사람의 얼굴

3. 뚱뚱하고 털이 많은 낯선 사람

4. 당신 집에는 거울이 사라지고 없다.

• 의복에 대한 당신의 태도는 무엇입니까? __1 / 2 / 3 / 4__

  1. 당신은 자연주의 공동체에 살고 있다. 옷은 그저 신체의 영광을 가리는 것이다.

  2. 옷은 내면을 외면으로 드러내는 것이므로 중요하다.

  3. 당신은 무엇을 입든 편안함을 느낀다.

  4. 옷은 당신의 벗은 몸의 끔찍함으로부터 이 세상을 보호한다.

• 수영장의 (공중) 탈의실에서 당신은, __1 / 2 / 3 / 4__

  1. 수영과 관련된 스트레칭 동작을 하면서 샤워한다.

  2. 다 벗고 샤워하지만, 재빨리 끝낸다.

  3. 수영복을 입고 샤워한다.

  4. 다 함께 샤워하는 것을 생략하고 개인 칸막이 안에서 재빨리 옷을 입는다.

• 친구가 당신의 원고 초안에 상당한 코멘트를 달아 돌려준다면, 당신은 __1 / 2 / 3 / 4__

  1. 친구의 코멘트를 모두 무시한다. 천재는 이해받지 못하기 마련이니까.

  2. 코멘트를 주의 깊게 고려하여, 수정본에 중요한 것을 통합해 넣는다.

  3. 당신은 직접 쓴 원고를 타인과 나누지 않는다. 그저 쓰는 것 자체를 즐길 뿐이다.

  4. 포기하고 다시는 쓰지 않는다.

심리치료사 티나 멕켄지Tina Mackenzie.
〈헤드스페이스Head Space〉 시리즈에서 발췌. 2003. 닉 커나드Nick Cunard 작품

6

심화된 검사

단어연상 검사 Word Association Test

이 검사는 지난 세기 초반에 연상검사를 개발한 칼 융과 밀접한 관련이 있다. (융은 1910년 유명한 강의집 《연상방법 The Association Method》을 출판하였다.) 이 검사에서 명사, 동사, 형용사, 추상적인 것, 명료한 것 등 서로 다른 유형의 단어 목록을 읽어주면, 피검자는 각 단어를 듣자마자 떠오르는 첫 번째 단어를 빠르게 대답한다. 분석가는 반응의 속도와 강도를 기록하고, 단어마다 다른 응답을 하는 근본적인 원인에 대한 추론을 이끌어낸다.

응답 역시 유형별로 분석된다. (이 유형 분류는 임상가에 따라 다르다.) 예를 들어, 어두움에 내한 반응으로 밝음을 응답하는 반대응답, 밤에 대하여 꿈이라고 응답하는 연상응답, 테이블에 대하여 가구라고 응답하는 정의응답, 혹은 칼에 대해 위험, 꽃에 대해 예쁘다는 식의 판단이 개입되는 설명응답predicates 등이 있다. 이 반응의 유형은 반응 시간과 관련해서 분석되고, 응답 패턴과 반복 응답은 기록된다. 다음은 1910년 출판된 강의집에 수록된 융의 고유한 단어 목록이다.

물론, 연상들 가운데 어떤 것은 피검자의 순수한 정신기능이 아닌 것도 있다. 그러나 언어적 환경에서 빈번하게 반복적으로 발생하는 응답은, 연상을 반영하는 것으로 볼 수 있다. 예를 들어, 건널목/도로, 왼쪽/오른쪽, 탑/클래스 등의 단어연상이 그렇다.

1. 머리 _____

2. 초록색 _____

3. 물 _____

4. 노래하기 _____

5. 죽은 _____

6. 긴 _____

7. 선박 _____

8. 지불하기 _____

9. 창문 _____

10. 우호적인 _____

11. 요리하기 _____

12. 질문하기 _____

13. 차가운 _____

14. 줄기 _____

15. 춤추기 _____

16. 마을 _____

17. 호수 _____

18. 병든 _____

19. 자부심 _____

20. 요리하기 _____

21. 잉크 _____

22. 화난 _____

23. 바늘 _____

24. 수영하기 _____

25. 항해 _____

26. 푸른색 _____

27. 전등 _____

28. 죄짓는 _____

29. 빵 _____

30. 부유한 _____

31. 나무 _____

32. 찌르기 _____

33. 동정심 _____

34. 노란색 _____

35. 산 _____

36. 죽다 _____

37. 소금 _____

38. 새로운 _____

39. 습관 _____

40. 기도하기 _____

41. 돈 _____

42. 어리석은 _____

43. 팸플릿 _____

44. 경멸 _____

45. 손가락 _____

46. 값비싼 _____

47. 새 _____

48. 떨어지기 _____

49. 책 _____

50. 부당한 _____

51. 개구리 _____

52. 가르다 _____

53. 굶주림 _____

54. 흰색 _____

55. 어린이 ----------------
56. 돌보기 ----------------
57. 연필심 ----------------
58. 슬픈 ----------------
59. 자두 ----------------
60. 결혼하기 ----------------
61. 집 ----------------
62. 친애하는 ----------------
63. 유리 ----------------
64. 싸우기 ----------------
65. 모피 ----------------
66. 큰 ----------------
67. 당근 ----------------
68. 색칠하기 ----------------
69. 부분 ----------------
70. 오래된 ----------------
71. 꽃 ----------------
72. 때리기 ----------------

73. 상자 ----------------
74. 야생 ----------------
75. 가족 ----------------
76. 바라기 ----------------
77. 소 ----------------
78. 친구 ----------------
79. 행운 ----------------
80. 거짓말 ----------------
81. 추방 ----------------
82. 좁은 ----------------
83. 형제 ----------------
84. 두려워하기 ----------------
85. 황새 ----------------
86. 거짓 ----------------
87. 불안 ----------------
88. 키스하기 ----------------
89. 신부 ----------------
90. 순수한 ----------------

91. 문 ----------------
92. 선택하기 ----------------
93. 건초 ----------------
94. 만족한 ----------------
95. 조롱 ----------------
96. 잠들기 ----------------
97. 월 ----------------
98. 좋은 ----------------
99. 여성 ----------------
100. 학대하기 ----------------

단어연상 검사는 콤플렉스를 진단하는 방법이다. "이제부터 단어를 하나씩 제시할 텐데, 그 단어를 듣고 가장 먼저 떠오르는 단어 하나를 가능한 빨리 말해 주세요"라고 얘기한다. 이때 반드시 하나의 단어로 응답하도록 하고, 응답하는 데 걸리는 시간을 측정한다. 해석 기준은 다음과 같다.

① 반응시간의 지연

② 재생의 결손: 연상반응이 없는 것

③ 보속: 자극어에 의해 제기된 감정이 다음 반응어에까지 영향을 주어 반응시간의 지연을 보이거나, 이전의 자극어와 관계되는 반응을 보이는 것

④ 반응실패: 자극어에 전혀 반응하지 못하는 경우를 말하며, 40초를 기다려도 반응이 없으면 반응실패로 판단한다.

⑤ 자극어 반복

⑥ 자극어를 잘못 듣거나, 무슨 뜻인지 이해하지 못하는 경우

⑦ 특이한 감정반응: 표정이나 말에 두드러지게 감정이 나타날 때 말을 더듬거나 감탄하거나 얼굴이 붉어지거나 숨을 몰아쉬는 등의 표현

⑧ 의미 없는 반응: 자극어나 반응어 사이의 문법적 또는 의미 관련성이 전혀 없는 반응

예를 들어 '머리'라는 자극어에 대해 '카락' 같은 반응은 의미는 있지만 단순한 반응이고, '지능'이나 '탈모' 등 감정반응을 동반할 때에는 콤플렉스와 연관된 반응일 수 있다.

문장완성 검사 Sentence Completion Test

이 투사검사는 피검자가 다음에 나오는 문장을 자신에게 의미있는 문장으로 완성시키는 것이다. 물론 반드시 진실한 문장으로 완성해야 하는 것은 아니다. 경우에 따라서는 환상적이고 허구적으로 완성해도 좋다. 완성된 문장이 의식 혹은 무의식적 사고와 감정을 반영한다는 것을 누가 알겠는가? 문장을 짓는 노력을 기울여 당신이 만든 것은 과연 무엇인가? 누가 그것을 이해하겠는가?

멋진 옷을 입어야 하는 파티에 초대된다면 나는 _____ 가겠다.

마지막으로 내가 울었던 때는 _____ .

때때로 나의 신경은 _____ .

한밤중에 나는 가끔 _____ .

모두가 동의하듯 나의 아버지는 _____ .

10대였을 때 나는 지금의 내 나이가 되면 _____ 고 생각했다.

나의 유일한 나쁜 버릇은 _____ .

나는 _____ 때에 짜증이 난다.

나는 비밀리에 _____ .

나의 어머니는 _____ .

어린시절이 그리운 것은 _____ .

마지막으로 진심으로 미안하다고 말했던 때는 _____ .

내가 두려움으로 마비되었던 적은 _____ .

다른 가족에 비해 우리 가족은 _____ .

완벽한 여성에 대한 나의 생각은 _____ .

나보다 훨씬 똑똑한 사람의 앞에서 _____ .

돈을 제외하고, 나의 삶을 증진시킬 한 가지는 _____ .

아무도 보고 있지 않다는 생각이 들 때 나는 가끔 _____ .

만약 나의 아버지가 오직 _____ .

내가 통제를 잃어버릴 때는 _____ .

만약 나의 어머니가 오직 _____ .

시간을 거슬러 여행할 수 있다면 나는 _____ 가겠다.

내 생각에 대부분의 남성은 _____ .

자서전 제목 짓기 What would be the Title of your Autobiography?

자서전의 제목을 쓰고 그 이유를 설명하는 과정을 갖는 것은, 인생에서 중요하게 생각하는 주제가 무엇인지 알 수 있고, 생애 전반에 대한 소감, 후회, 남은 소망, 자신에 대한 정서, 사고, 관계 속의 주제 등을 핵심적으로 알게 된다는 점에서 의미가 있다.

칼 융 _ 시기 및 작가 미상.

색채검사 The Colour Test

이 유명한 색채검사는 스위스 심리학자 막스 뤼셔^{Max Luscher}가 개발하고 1947년에 출판하였다. 적용법은 단순하지만 정교하다. 관찰자가 아주 좋아하는 색상은 물론이고, 덜 좋아하는 색상을 다시 중립적인 색상과 아주 싫어하는 색상으로 구분하여 그 속성까지 신중하게 맞춰보는 세련된 검사이다.

주장하는 바에 의하면, 축적된 데이터의 분석결과는 전문 검사자에게 피검자의 복합적인 심리학적 프로파일을 제공한다. 이 프로파일에는 피검자의 의지, 헌신, 동기, 정서 및 정신소선, 대인관계 기술, 포부 그리고 그 밖에 많은 것이 포함된다.

흥미롭게도 이 검사의 해석 지침은 범주가 매우 다양하고 때로는 혼란스럽다. 예를 들면, 갈색을 제일 좋아하는 사람은 타인에게 매력적이고 끌리고 황홀한 사람이 되길 바란다. 한편 녹색에 중립적인 사람은 타인과 쉽게 어울리고 우호적인 사람이며, 에로틱한 즐거움을 취할 수도 있다. (여기에서 흥미로운 점은 애매한 표현인 "~할 수도 있다"는 것이다. 초록색에 중립적이면서 동시에 에로틱한 즐거움을 취하지 않을 가능성도 있다.)

적극적으로 보라색을 싫어하는 것은, 테스트 결과에 따르면, 신경쇠약 없이 인생의 모든 것을 낱낱이 경험하고 싶어하는 것이다. (어쩌면 보라색을 매우 좋아하는 사람이 인생에 대한 왕성한 의욕과 활기차게 살고 싶은 욕망을 가지는 경우도 있지 않을까?)

이 책에 나오는 해석은 적용을 매우 단순화한 것이다. 그리고 이처럼 일반화된 접근방식은 전문가에 의해 관리되는 검사와 달리 중요하고 수많은 세부적인 사항들을 고려하지 않은 것이다. 그럼에도 이 검사는 다양하게 적용할 수 있다. 예를 들어, 취업 지원생 선발 과정이나 생산성 향상을 목적으로 하는 산업 인테리어 장식의 근거로 활용되기도 하였다.

이렇게 다양한 상황에서의 효능성은 평가하기가 어렵다. 심리검사의 언어는 별자리 운세의 용어와 현저한 유사성을 가지기도 한다. 다음 두 쪽(194~195쪽)에 나오는 색상검사는 이 책을 위해 개발된 것이다. 그 중에서 당신이 적극적으로 좋아하는 색과 중립적으로 생각하는 색, 적극적으로 싫어하는 색을 고르라. (해석은 254~257쪽 참고)

당신은 어떤 악기일까? Which Musical Instrument would you be?

바이올린	더블베이스	피아노
드럼	아코디언	색소폰
트라이앵글	플루트	백파이프

자신을 악기에 빗대어 생각해 보면 어떨까? 각 악기가 대변하는 정서, 연주되는 곡에서의 역할, 음색 등이 자신을 설명하는 내용이 된다. 예를 들어, 색소폰의 경우는 강한 음색으로 뚜렷한 목소리를 내는 성격적 특성을 잘 담고 있다. 상대적으로 백파이프는 전원의 풍경을 연상시키고 자유로움을 대변한다.

악기 연주가들의 성격특성을 살펴본 연구도 있는데, 빌리온과 립톤 Builione & Lipton, 1983은 현악기와 목관악기 연주자들은 내향적, 금관악기와 타악기는 외향적 성격이라는 것을 발견했다. 또 켐프와 밀스 Kemp & Mills, 2002는 현악기 연주자들은 조용하고 내성적이며 학구적이고, 금관악기 연주자들은 사교적이고 외향적이고, 건반악기 연주자들은 외향적이지만 금관악기 연주자나 노래하는 사람들보다는 덜하다고 하였다.

7

관계성 검사

가족관계 검사 The Family Relationship Test

: 애덤 단트 그림

다음 12개의 그림 가운데 당신과 가족 사이의 관계의 진수를 가장 잘 나타낸 것은 어느 것
인가? 이 이미지들은 악명 높은 격동의 바다를 건너는 최적의 통로를 식별하는 데 도움을
줄 수 있다. (해설은 257쪽 참고)

가족관계 검사도 다양하게 활용할 수 있다. 예컨대, 과거, 현재, 미래의 가족관계에 대해 잘 묘사한 그림을 고르고, 그 의미를 성찰하는 것이다.

관계성 검사 The Relationship Test

당신의 삶에서 가장 중요한 관계는 어느 것인가? 다음에 나오는 31개의 그림들은 회사에서
있을 수 있는 다양한 관계의 역동을 드러내는 것들이다. 묘사된 상황들은 극단적으로 보일

수 있으나, 어쩌면 일상의 관계들 속에서 당신이 이미 인식하고 있는 요소들이 아니겠는가.

당신이 선택한 그림이 무엇을 의미하는지는 이 책 뒷부분의 해석을 참고하라. (258쪽 참고)

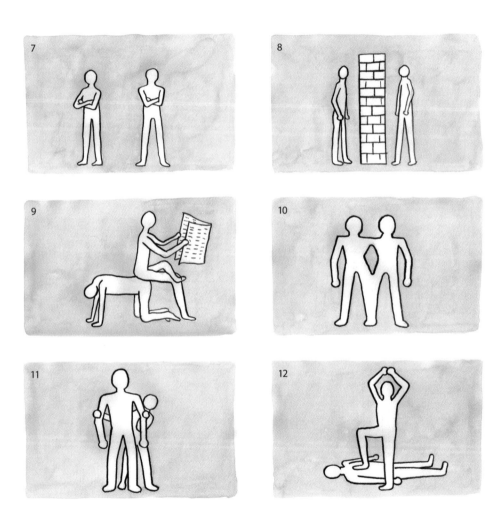

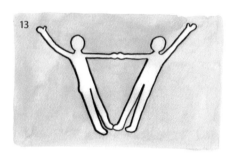

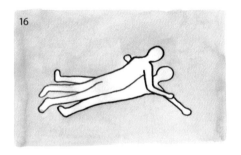

KEEP
OUT

관계성 검사는 연인이나 배우자, 또 아이와 부모 등 각각의 관계성을 생각해 보는 것으로도 활용 가능하다. 즉, 각각의 관계를 잘 보여주는 그림을 하나 고르고, 그 이유가 무엇인지 생각해보는 것이다. 또 상대(예컨대, 남자친구)가 생각하는 지금 두 사람의 관계를 보여주는 그림은 무엇인가? 왜 그렇게 생각하는가? 두 사람이 함께 있는 자리에서 상대방이 지각하는 관계와 자신이 지각하는 관계에 대해 허심탄회하게 이야기하면, 둘 사이의 관계에 있어 문제를 어떻게 지각하는지 살펴보는 데 도움이 된다.

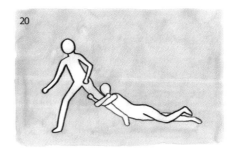

8

그림완성 검사

집—나무—사람 검사 The House-Tree-Person Test

이 검사는 잘 알려진 투사검사의 일종으로, 원래는 사람의 형상을 그리는 것에 국한되어 있었다. 이것은 말로 하는 인터뷰로는 접근하기 어려운 성격 특성 측면이 그림과 같은 비언어적 활동을 통해서 드러난다는 추정을 기본으로 한다. 이 검사의 분석은 온전히 임상가의 주관적 반응에 기대어 이루어진다. 주제통각검사(TAT), 로르샤흐^{Rorchach} 또는 그림완성 검사와 같은 다른 투사검사와는 달리, 집—나무—사람 검사는 빈 종이에서 검사가 시작된다. 그림의 제목이 한 단어로 주어지는 것 외에 다른 언어적 자극은 주어지지 않는다.

임상환경에서는 두 유형의 해석이 고려된다. 첫 번째는 피검사의 개인적 반응에 대한 것이다. 그림을 통해 피검자에 대해 알 수 있는 것이 무엇인지에 국한되고, 검사에 대한 언어 문답 내용이 논의된다. 두 번째는 수많은 검사 그림 세트들에서 반복되는 특징을 서로 비교하는 것이다. 이것은 검사결과를 체계화한 유형들과 관련해서, 피검자의 응답이 어떤지를 살펴보는 것이다. 208~209쪽에 있는 각각의 칸에 주어진 단어에 해당하는 그림을 그려라. (해석은 258~260쪽 참고)

다소 좋지 않고 복잡한 반응!

<무한도전>이나 <우리 아이가 달라졌어요> 등 우리나라의 텔레비전 프로그램에도 많이 소개된 검사다. 그림은 인간의 기본적인 언어라 볼 수 있다. 자기를 전달하는 데 용이한 부분이 있고, 집, 나무, 사람 은 누구에게나 친숙하고 상징성도 있다. 책에는 지면만 할애했지만, 원래는 종이, 연필, 지우개 등을 제공하고 시작해 보길 권한다. 이 검 사에서 그림을 잘 그리는지는 전혀 상관이 없다.

집

나무

사람

그림완성 검사 Drawing Completion Test

이 검사는 정신의학자 에릭 발테그Ehrig Wartegg가 성격 특성을 밝히고자 1934년 개발한 것[1]이다. 211~213쪽에 여섯 칸 혹은 여덟 칸의 구획 중 다섯 칸에는 이미 선과 모양이 그려져 있다. 주어진 그림을 포함하여 여섯 칸에 각각 그림을 그려라. 2번의 빈 공간에는 원하는 모양을 그리면 된다. (해석은 260~262쪽 참고)

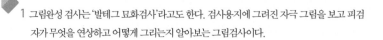

1 그림완성 검사는 '발테그 묘화검사'라고도 한다. 검사용지에 그려진 자극 그림을 보고 피검자가 무엇을 연상하고 어떻게 그리는지 알아보는 그림검사이다.

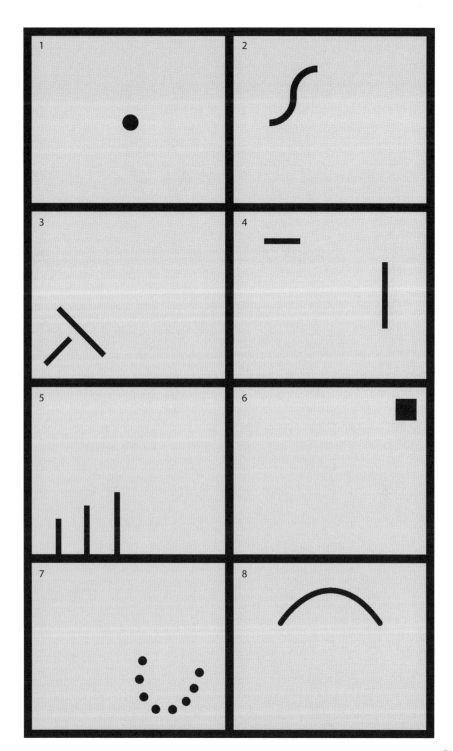

9

추상 이미지 검사

추상 이미지 검사

추상적 이미지에 자극되어 일어나는 연상은 무의식적 충동과 정서적 심리적 경향성일 수 있다. 이것은 주목할 만한 심리학자인 헤르만 로르샤흐를 포함해 많은 심리학자들이 인정하는 바이다. 추상적 이미지는 시간과 공간의 양상이 마음에 떠오르게 하거나, 환상 속 인물이나 물체를 제시하거나, 꿈같은 이야기나 시나리오와 그에 대한 해석을 추측하도록 우리를 이끈다. 우리는 이미지나 사물의 순수한 추상적 측면, 즉 그 모양이나 색깔, 밝거나 흐리거나, 단단하거나 부드럽거나, 삐죽삐죽하거나 매끄럽거나, 정밀하거나 모호함 등에 반응할 수 있다. 이러한 감각 경험의 구성 요소들은 각각 다른 방식으로 우리에게 영향을 미친다. 추상적 특성 중에 어떤 것은 우리에게 기쁨을 주고 어떤 것은 그렇지 않은 까닭은 무엇일까? 그것들은 어떤 즐거움을 (혹은 불만을) 만들어내는가? 또 우리의 반응은 우리 자신에 대하여 무엇을 말해 주는가?

추상적 이미지를 볼 때 여러 가지 일이 일어날 것이다. 우리는 거기에서 이미 알고 있는 것과의 유사성을 발견할 수 있다. 예컨대, 달이나 해와 같은 원형이나 원판 모양에서 돛이나 구름 혹은 고래처럼 부푼 물결 모양을 본다. 또 자기도 모르게 어떤 것을 연상하거나 기억을 만들어내기도 한다. 예컨대, 어떤 사건이나 방문했던 장소, 아는 사람, 사랑과 증오, 복잡한 생각 혹은 다른 어떤 것이든 떠올린다. 그리고 우리는 상상, 창조 그리고 투사를 일으키는 이미지의 의미에 대해 스스로에게 묻는다. 우리가 생각해내는 것들은 어떤 면에서는 필연적으로 우리의 성격, 우리가 이 세상에 대해 생각하고 느끼는 방식, 그리고 무의식적 욕망과 반감들을 반영할 것이다. 이미지가 의미하는 것은 우리가 실제로 의미있게 만드는 무엇이다.

아주 흔한 것에서 '잃어버린 시간' 속의 선명한 기억이 떠오를 때, 우리는 모두 프루스트의 순간[1]을 경험한다. 우리는 어떤 것을 매우 다른 어떤 것과 연관시키는 방식에 매료되어 있다. 연상과 유사성은 은유를 낳고, 은유는 우리의 깨어 있는 삶의 시이고 꿈의 단서이다. 심리학자들은 이러한 회상, 연상, 추측과 고안에 관심을 갖는다. 그것들은 잘 드러나지 않는 정서적 상태나 신경증적인 집착 혹은 억압된 생각이나 감정에 대한 단서를 제공할 수 있다. 그리고 전문적 분석은 특정 불안이나 신경증 진단에 대한 증거를 내놓을 수 있다.

추상적 그림들은 보는 이에게 열린 결말로 초대한다. 이는 심리학이 개인의 성격과 표현에 강조점을 두기 시작한 시기에 추상 예술의 매력이 널리 퍼진 것을 부분적으로 설명한다. 모든 문화에서 추상적이고 상징적인 이미지는 심리적 존재와 내면 느낌의 양상을 표현해 왔다. 우리는 그런 이미지가 우리 일상의 삶에 중요한 의미를 갖는 것으로 인식한다.

한 번에 하나 이상을 제시하거나 동시에 여러 의미를 제안하는 이미지나 행동의 모호성은, 예술과 문학이 우리에게 주는 커다란 즐거움인 것은 분명하다. 그러나 일부 사람들은 불확실성을 싫어하고 모호하지 않은 확실성을 추구한다. 그것은 기질의 문제, 말하자면 심리적 소인의 문제이다. 어떤 이미지들은 우리도 모르는 이유로 우리를 깊이 움직인다. 또 어떤 것들은 우리를 차갑게 만든다.

219~229쪽의 이미지를 보고 곰곰이 생각해보라. 그리고 해당하는 쪽의 해석을 참고하라.

여주

프루스트 순간Proustian moments은 구체적 장면 없이 오직 감각만으로 남아 있는 순간을 말한다. 마르셀 프루스트Marcel Proust, 1871~1922의 작품 《잃어버린 시간을 찾아서À la recherche du temps perdu》의 주인공이 홍차와 마들렌을 먹다가 향기와 맛을 느끼는 순간, 연상되는 기억이 떠오르며 과거를 회상하는 장면에서 유래되었다. 이처럼 특정한 후각, 미각, 청각적 자극을 통해 잊힌 기억이 떠오르는 현상을 프루스트 현상The Proust Effect이라고 한다. 실제로 눈으로만 사진을 보는 것보다 냄새와 함께 사진을 보는 것이 훨씬 기억에 유리하다는 것이 연구에 의해 밝혀졌다. 이러한 현상이 일어나는 이유는, 과거 경험의 조각들이 뇌의 지각 중추에 흩어져 있고, 흩어져 있는 감각신호 가운데 하나라도 자극이 되면 연결된 모든 기억이 자극되어, 전체 기억이 회상되는 것으로 이해되고 있다.

D-462. 뮤지컬 느낌 _ 헨드릭 니콜라스 베르크맨[H. N. Werkman]. 1944.

(해석은 262~263쪽 참고)

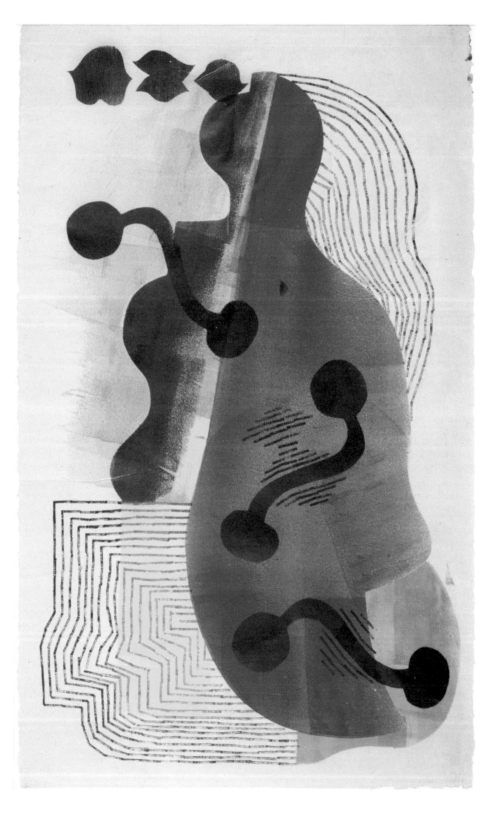

구성 _ 알프레도 볼피[Alfredo Volpi], c.1960~70.
(해석은 263~264쪽 참고)

특별한 무늬가 있는 예식 모자 _ 우타 우타 찬갈라^{Uta Uta Tjangala}, 1971.
(해석은 264~265쪽 참고)

탄트라 그림 _ 인도 라자스탄. 1963.
(해석은 265~266쪽 해석 참고)

생각의 써클 _ 시그마 폴케[Sigmar Polke], 1974.
(해석은 266~267쪽 참고)

227

민속 노래를 기초로 색칠한 필름 _ 세르주 샤순^{Serge Charchoune}, 1917.
(해석은 267~268쪽 참고)

민속 노래를 기초로 색칠한 필름 _ 세르주 샤순[Serge Charchoune], 1917.
(해석은 267~268쪽 참고)

해설과 피드백

잉크반점 검사 : 윌 호보슨^{Will Hoboson}

• 전체 이미지 _ 위에서 본 통닭구이

누구나 그렇듯이 당신도 하는 일에 대해 회의를 느낄 수도 있으나, 당신은 본질적으로 중심을 잃지 않고 필요한 것이 무엇인지 명확하게 아는 사람이다. 당신은 '소외'를 느낄 틈이 없다. 당신은 열정적으로 참여하는 사람이다. 삶의 의미에 대한 성찰은 당신을 지루하게 할 것이다. 안톤 체호프가 말했듯이, '당근이 무엇입니까?'¹라고 질문하는 것과 마찬가지이다. 당근은 당근일 뿐이고, 그 이상은 알 수 없다.

• 전체 이미지 _ 충격적인 것을 보고 소리를 지르는 다소 만화 같은 고양이

당신은 어떤 것에 파묻혀 일이 발생하는 대로 처리하는 것을 좋아한다. 당신에게 격렬하고 거친 측면이 있기 때문일 것이다. 당신은 자신의 목소리가 타인에게 들리기를 원하고, 누군가 당신 곁에 있다고 느끼는 것을 중요하게 생각한다. 당신에게 있어서 협상과 갈등은 삶에서 피할 수 없는 요소이다. 따라서 당신은 마음이 모질지 않지만, 협상과 갈등을 피하지 않는다. 당신은 종종 사람들에게 옛 농담을 상기시킨다. 예를 들면 이런 것이다. "전구 한 개를 교체하기 위해 몇 명의 뉴욕 택시 운전사가 필요한가?² 왜 그렇지? "

• 상하 바뀐 그림 _ 가발을 쓴 인물^{영국 법정의 판사} 혹은 얼굴 없는 여성

당신은 높은 기준을 설정하고 다른 사람들도 똑같이 할 것으로 기대한다. 또한 인내가 미덕이라고 생각하지 않는다. 피카소가 말했듯이, "당신이 무언가를 먼저 하면, 당신 다음에 하는 사람은 그것을 (당신보다) 더 잘할 수 있다"고 생각할 것이다.

• 상하 바뀐 그림 _ 냉동 햄 한 쌍으로 남편을 죽을 때까지 방망이질 한 여성

당신은 마치 이탈리아 나폴리 사람들처럼 불꽃 튀는 열렬한 사랑을 원할 것이다. 다툼을 오래 끌지 않으려 할 것이고, (곧바로) 키스와 화해의 즐거움을 누릴 것이다.

• 전체 이미지 _ 사악한 의사의 겸자가위[3]가 들어간 누군가의 턱

인생은 쉬운 것이 아니다. 그리고 사람들과 항상 잘 어울릴 것이라고 기대할 수 없다. 당신은 그저 당신 자신이 되어야만 한다고 느낀다. 만약 사람들이 그것을 받아들이지 못한다면, 어쩔 수 없다. 바베이도스^{서인도 제도 남쪽 끝에 있는 작은 섬나라} 사람들이 말하듯, "달걀은 바위들이 춤추는 곳에 가지 말아야 한다." 당신에게 해가 될 만한 상황은 피하는 것이 좋다.

• 이미지 내부의 빈 공간 _ 로켓 혹은 탑 (구체적으로 〈반지의 제왕〉에 나오는 사우론의 검은 탑)

당신은 매우 열심히 일하고, 더 강해지기 위해서 끊임없는 새로운 도전을 계획한다. 당신은 많은 것을 해냈고 업무적으로 매우 높은 인정을 받고 있다. 한편, 사생활에서는 남의 말을

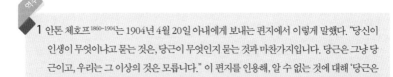

역주

1 안톤 체호프^{1860~1904}는 1904년 4월 20일 아내에게 보내는 편지에서 이렇게 말했다. "당신이 인생이 무엇이냐고 묻는 것은, 당근이 무엇인지 묻는 것과 마찬가지입니다. 당근은 그냥 당근이고, 우리는 그 이상의 것은 모릅니다." 이 편지를 인용해, 알 수 없는 것에 대해 '당근은 그냥 당근'이라는 표현이 사용되고 있다.

2 미국에서 유행하는 농담으로, 택시기사가 바가지를 씌우는 것을 비웃는 표현이다.
  Q: How many taxi drivers does it take to change a light bulb?
      전구를 교환하는 데 몇 명의 택시기사가 필요한가?
  A: Two. One to screw it in and one to overcharge for the bulb.
      두 명. 한 명은 나사를 조이고^{screw: 맞치다.} 한 명은 충전한다.^{overcharge: 바가지 씌우다}

3 겸자가위^{forceps}는 의료용 외과 도구로, 날이 없는 납작한 가위처럼 생겼으며, 조직이나 기관을 받치거나 고정하거나 누르는 데 사용한다.

좀 더 잘 경청하고 남을 통제하려 하지 말라는 조언을 들을 수도 있다. 당신은 이 조언도 일 정표에 잘 기록해 두고 지키려고 할 것이다.

:: 77쪽

• 전체 이미지 _ 근육을 수축하고 있는 강한 남성

조심스럽게 말하자면, 당신은 유능하다. 마라톤 경주에 참가하거나, 자전거를 조율하거나, 새로운 종류의 식물을 경작하거나, 사회적 기여를 위한 모금운동을 한다. 경쟁하는 운동선 수처럼 하고자 하는 모든 것을 완벽하게 해낸다. 당신은 선천적으로 타고났고 매우 결의가 강하다. 기대치를 높이는 데 익숙하고, 모든 도전을 해내는 당신 스스로를 자랑스러워한다.

• 이미지 상단 _ 고개를 낮추고 머리를 마주하고 있는 한 쌍의 숫양

당신은 스스로를 훈련할 줄 알고, 믿을 만하고, 주도권을 잡는 데 능하고, 일반적으로 활동 력이 강하다. 당신은 하는 일에 대해 항상 확신에 차 있다. 이것은 당신에게는 생생한 고통 일지라도, 고객과 동료들 사이에서 자신감을 불러일으킨다. 당신은 위협이나 압박감을 느 낄 때 매우 스트레스를 받는다. 그러나 당신과 매우 가까운 사람들만이 그 사실을 알아차 린다.

• 전체 이미지 _ 전갈

당신은 마치 체조선수나 발레리나처럼 매우 잘 조율되어 있다. 그런데 다이어트나 수면과 같은 것이 문제가 될 수 있다. 신체적으로 매우 예민하기 때문이다. 가끔 당신은 이 문제와 스스로에 대해 느끼는 감정 및 자기 가치감self-worth 사이에 어떤 연관성이 있는지 궁금해 한 다. 그러나 심리치료와 관련된 것들은 신경에 거슬린다.

• 전체 이미지 _ **랍스터, 새우, 바닷가재**

당신은 내심 낭만적이나 상황에 따라서는 상당히 방어적이 된다. 무척 열심히 노력하지만, 삶이란 뜻대로 되지 않을 수 있다. 당신은 예측 불가능한 관계 때문에 마음의 평화를 희생할 것인지 때때로 고민한다. 누군가 순진하게 또 생각 없이 당신이 정리해 놓은 순서를 흐트러 망칠 수도 있는데, 그러면 당신은 완전히 실망하기 시작할 것이다. 마음이 맞는 사람들에 대한 모든 생각 자체가 갑자기 농담처럼 느껴질 것이다.

• 전체 이미지 _ **나팔관 모양**

당신은 숨은 잠재력을 가지고 있고, 그것을 인생에 막대하게 쏟아 붓고 있다. 그러나 아직 결실이 맺기를 기다리는 중이다. 일이 어떻게 되어야 하는지, 누구와 함께 해야 하는지, 무엇을 해야 하는지와 같은 것들에 대한 당신의 생각은 매우 뚜렷하다. 그리고 만약 현실이 기대에 미치지 못한다면, 당신이 이루어낸 상당한 것들은 당신에게 큰 위로가 되지는 못할 것이다. '오 계절이여, 오 성체여, 결함 없는 영혼이 어디 있으랴!'[1] 랭보의 싯구와 같은 철학적 접근은 당신에게는 진부할 뿐이다.

연구

1 랭보 Arthur Rimbaud, 1854~1891가 1873년에 출판한 《지옥에서 보낸 한 철Une Saison en Enfer》에 수록된 시 〈오 계절이여, 오 성城이여〉의 한 구절이다. 동성 애인이었던 유부남 베를렌Paul-Marie Verlaine, 1844~1896이 질투에 사로잡힌 채 술에 취해 랭보를 총으로 쏘아 투옥되었고, 랭보는 베를렌과 이별한 후 이 시를 썼다. 이 시집은 랭보가 직접 출판한 유일한 책이다.

- 중앙 이미지 _ 앞으로 숙이고 있는 두 인물 (원숭이, 신하, 혹은 기도하는 영적 헌신자)
- 흰 공간을 포함한 전체 이미지 _ 기도하는 사람

풍부한 상상력과 철저한 사고력에서 큰 능력을 가진 당신은 지적인 영혼이라고 할 수 있다. 당신은 좋은 일을 하는 데 요구되는 집중력과 인내력에 대해 잘 알고 있고, 사람들이 자신의 일을 소중하게 여긴다면서 어째서 더 작은 것에 안주해 버리는지 이해하지 못한다. 당신은 뉴올리언스 피아노 연주가 앨런 투생[1]처럼 느끼고 싶어 한다. 앨런 투생은 멘토였던 프로페서 롱헤어[2]에 대해 이런 말을 남겼다. "규칙 파괴자는 규칙 창조자다. 그는 내 양말을 벗겨 날려버렸고, 나는 그 이후 어떤 양말도 신지 않았다."

- 전체 이미지 _ 경주 자동차, 스피드, 요염함
- 중앙 이미지 _ 털 달린 작은 새끼 동물 한 쌍, 아기, 악마

당신을 아는 사람들은 당신의 뛰어난 상상력에 대해 잘 알고 있을 것이다. 당신은 본능적으로 은유적이다. 당신은 다른 세상을 건설하고, 타인의 관점으로 사물을 볼 줄 알고, 대단히 높은 것을 향해 솟아오르거나 운명 속으로 추락하는 것을 상상하는 데 탁월하다.

- 전체 이미지 _ 치과의사 혹은 이발사의 의자

당신은 민감하고 관대하다. 삶에서 많은 것을 얻었고 그만큼을 고통스럽게 빼앗겼다. 당신은 감정을 투명하고 솔직하게 드러내고, 사람들은 그런 당신을 돌보아 주려고 한다. 이것은 때때로 친밀함에 대한 당신의 이해를 혼란스럽게 한다. 매우 형식적이고 관습적인 환경은 당신을 소모시킨다. 당신은 사이 트윔블리[3]가 성장한 뉴잉글랜드 환경을 좋아하지 않을 것이다. 그는 이렇게 말한 바 있다. "언젠가 어머니께 '내가 잘 차려입고 매너가 좋아지면 행복하시겠어요?'라고 물으니 어머니는 '다른 게 뭐가 더 있겠니?'라고 대답하셨다."

• 상하 바뀐 그림 _ 다리를 벌리고 뒤로 기대어 앉은 여성

당신은 매우 산만해질 때가 있다. 한순간에 현실을 완전히 떠나 갑자기 최고도의 높이에서 아래를 내려다보면서 센티미터 단위로 현실을 분석한다. 당신에게는 신체적 감각과의 연결감을 유지하는 균형이 중요하다. 인생은 관념뿐 아니라 감각과 관련되어 있다. 일전에 아이리스 머독[4]이 언급한 대로, 그것은 구체적인 사실들에 대한 촉감과 같은 것이고, 파리 지하철의 냄새 혹은 쥐를 손에 들고 있는 것 같은 느낌이다.

• 전체 이미지 _ 두 개의 어두운 힘/인물. 아마도 여성

　　　　　　엎드린 인물/몸통을 막 침략하고 삼키려고 하는 모습

어쩌면 당신은 빗나가면서도 동시에 진보할 수도 있을 것이다. 당신은 트리스트럼 샌디의 이야기[5]를 다시 고쳐 쓸 수도 있고, 그저 빗나가기만 할 수도 있다. 완성하지 못한 편지나

1 앨런 투생Allen Toussaint은 미국 뉴올리언스 리듬앤블루스 가수, 작곡가, 프로듀서로, 2013년 오바마 대통령에게 문화예술훈장을 받았고, 2015년 77세의 나이에 심장마비로 사망하였다.

2 프로페서 롱헤어Professor Longhair는 헨리 롤런드 버드Henry Roeland Byrd, 1918~1980의 예명이다. 뉴올리언스의 리듬앤블루스에 기여한 음악가로 1990년 로큰롤 명예의 전당에 이름을 올렸다.

3 사이 트웜블리본명 Edwin Parker Twombly, Jr. 1928~2011는 표현주의 화가이며 낙서과 캘리그래피를 결합하는 방식의 미술작품으로 알려져 있다.

4 아이리스 머독Dame Iris Murdoch, 1919~1999은 아일랜드에서 태어난 영국의 소설가이다. 머독은 경험이란 철학적이기보다는 살아 있듯 생생하게 표현되어야 한다고 보았다. 영국에서는 신성하게 여기던 아리스토텔레스 철학자 모임Aristotelian Society; 1880년 설립된 철학 학술단체에 대하여, "마치 파리의 지하철 냄새, 혹은 쥐를 손에 쥐고 있는 것 같은 느낌"이라고 묘사하여 파장을 일으켰다.

5 로렌스 스턴Laurence Sterne, 1713~1768의 소설 ≪신사 트리스트럼 샌디의 인생과 생각 이야기The Life and Opinions of Tristram Shandy, Gentleman≫를 말한다. 누구나 자신의 이야기는 자기만의 방식으로 써야 한다는 의미를 담고 있다.

이메일, 하지 못한 통화를 얼마나 많이 남겨놓고 있는가. 필립 로스[1]는 "지옥으로 향한 도로는 작업 중인 작품으로 포장되어 있다"고 말한 바 있다.

:: 79쪽

• 전체 이미지 _ 게의 집게가 달린 딱정벌레, 풍뎅이

당신은 종사하는 업무와 전반적인 '게임'을 능숙하게 수행하는 매우 열심히 일하는 사람이다. 당신에게 성공은 자연스럽게 따라오는 것이다. 당신은 부분부분들을 한 판에 올려 정렬하고 계획을 세워두며 그대로 수행한다. 당신은 상황의 요구대로 신중하거나 대담하게 행동할 수 있다. 결국 당신은 가장 영리하게 굴거나 아니면 가장 운이 좋은 것이 승리하리라는 것을 알고 있다.

• 하단 중앙을 제외한 전체 이미지 _ 깃털 목도리를 하고 물랑루주 무대에서 춤을 추며
마주보는 에뮤 한 쌍

당신은 화려함과 상류사회의 중력 같은 끌어당김을 느끼고 있다. 당신은 틀림없이 어디에 있어야 하는지 알고, 그곳에서 즐길 줄도 안다. 때때로 무도회장을 향해 가는 동안 거울에 비친 자신의 모습과 그 다음날 느끼게 되는 감정을 좋아하지는 않지만. 어떤 날은 왜 이러는지 궁금해지기도 하고, 다른 날은 너무 심각하게 생각하지 말라고 스스로에게 말하기도 한다.

• 양쪽 이미지 _ 날갯짓하는 두 쌍의 벌새들

당신은 예술적 전문가이다. 벌새의 포르투갈어 의미인 꽃에 입 맞추는 사람[beija-flor]이다. 벌새들이 하루 천 송이의 꽃을 음미하듯이, 당신은 끊임없이 움직이고 욕망의 대상을 추구하고 아름다운 것을 찾는다.

• 하단 이미지 _ 선글라스 혹은 브라. 수염

당신을 잘 차려입는 것을 좋아하고 그것이 잘 어울린다. 사람들이 당신을 어떻게 생각할지 매우 걱정스럽지만, 내면의 문제에 대한 외부적 해결법을 찾고 있다. 새 자동차, 새 옷 등. 당신은 인생이란 그저 표면에 불과하다는 워홀리안[2] 신조를 생각하며 스스로를 합리화하고자 한다. 그러나 사실 당신은 이것이 모든 것을 해결하는지 확신하지 못한다.

• 전체 이미지 _ 해골 (부분들) 뼈

인생은 쳇바퀴와 같다. 혹은 끊임없이 돌아가는 회전목마와 같다. 당신은 고갈된 느낌과 서서히 멎게 될 것을 두려워한다. 보다 정서적인 위험을 감수해야 한다고 종종 생각한다.

• 전체 이미지 _ 눈을 가진 비행체 혹은 짧은 다리와 가운데가 없는 외계인 모습
　　　　　　혹은 불안한 얼굴로 비키니를 입은 여신

결정적인 순간에는 누구도 의지할 만한 좋은 친구가 되어주지 못한다. 당신은 그날그날 변덕스러워 보인다. 당신은 오랫동안 대화가 없었던 친구들과 연락이 닿으면 커다란 만족감을 얻고, 그 만족감은 상호적인 것이다.

1 필립 로스[1933~]는 1997년 퓰리처상을 수상한 유태계 미국 작가이다.

2 워홀리안[Warholian]은 미국 팝아트의 거장 앤디 워홀[1928~1987]을 좋아하는 팬들, 혹은 그의 작품세계를 추종하는 예술가들을 가리킨다.

:: 80쪽

• 전체 이미지 _ 봄을 담은 동반자 같은 팬지, 천국의 새

당신의 매력과 에너지는 돛 안의 바람처럼 나부낀다. 당신은 토론의 장점을 믿으며, 타인에게서 배우고자 하고, 세심하고 겸손하고 사려 깊으며, 원칙적으로 사람들을 좋아한다. 개인은 누구나 자기가 원하는 것을 자유롭게 할 수 있어야 한다고 생각하고, 또 한편으로는 정치적으로 무언가를 해야 한다고도 생각한다.

• 전체 이미지 _ 난초, 붓꽃, 시클라멘을 포함한 다양한 종류의 꽃을 납작하게 누른 것

당신은 어린 아이가 많은 관심의 대상이 된다는 것이 어떤 것인지를 잘 알고 있다. (당신은 어린 시절, 많은 관심을 받고 자랐다.) 이것이 과연 좋은 것인지는 아직 확실하지 않다. 때때로 당신은 스스로에 대한 과도한 기대를 가지고 있다고 생각한다. 당신은 자기 자신이 최대의 적이 될 것이라고 생각하지는 않지만, 성공에 따르는 심각한 불안이 뭔지 알고 있다. 드가Degas가 '공황장애와 구분이 불가능한 성공이라는 것이 있다'[1]고 한 말을 이해할 수 있다.

• 전체 이미지 _ 꼬리에 침을 가진 나방, 나비

당신은 상냥하고 사교적이다. 그래서 사람들은 당신이 독립적이고 고유한 방식의 근성을 가지고 있다는 것을 잘 모른다. 당신은 다방면에서 재능을 드러낼 것이고 자연스럽게 많은 사람들로부터 각광받을 것이다. 그러나 당신은 어떤 대가를 치러야 하는지 잘 모르고 심지어 당신에게 지시하는 사람을 견디지 못한다. 당신은 뿌리 깊게 비순종적이다. 강요적이라고 느끼는 첫 번째 암시에도 당신은 사라져버린다.

• 전체 이미지 _ 눈가리개를 쓴 어두움의 눈동자

당신은 엄청난 내적 성찰 능력을 가지고 있다. 당신은 타인에게는 닿지 않는 내면의 어떤

깊은 곳에 들어가 생각을 철저하게 반복한다. 이것은 다른 사람들에게는 항상 쉬운 일이 아니다. 캐리 그랜트는 영화 〈그의 연인 프라이데이His Girl Friday〉에서 로절린드 러셀과 이혼한 뒤 이런 대사를 말한다. "당신이 나와 이혼하지 않았으면 좋았을 것 같아요. 이혼 이후 나는 내 자신에 대한 신뢰를 잃었어요. 아무도 나를 원하지 않을 것 같은 느낌이 들어요."[2]

1 지나치게 성공에만 매달리면 실패에 대한 두려움으로 인해 공황장애를 겪게 될지도 모른다는 의미로, 자신의 욕망으로 인한 불안을 경계하라는 뜻에서 '공황장애와 구분이 불가능한 성공'이라고 표현한 것이다. 덧붙여, 에드가 드가Edgar Degas, 1834~1917는 프랑스 인상주의 화가이자 조각가이다.

2 원서에는 '스펜서 트레이시'라고 하였으나, 스펜서 트레이시는 이 영화에 출연하지 않는다. 이것은 주인공 월터 번스Walter Burns 역할을 한 배우 캐리 그랜트Cary Grant의 대사이다. 기자였던 힐디로절린드 러셀의 배역가 바쁜 신문사 편집장인 월터 번스와 이혼하고, 평범하고 다정한 보험사원 브루스 볼드윈과 재혼하려고 하자, 전남편인 월터 번스는 힐디가 재혼해서 떠나지 않고 다시 기자로 일하도록 만들기 위해 여러 계획을 세워 재혼을 방해한다는 코믹한 내용이다. 바쁘게 일만 하고 가정을 소홀히 했던 월터 번스는 이혼 이후 자신의 삶을 반추하며 이 대사를 말한다.

이야기 검사 The Story Test

:: 112쪽

1. 숲

만약 어둡고 위협적인 숲을 상상했다면, 그것은 현재 겪고 있는 인생의 여정을 향한 당신의 태도를 가리킨다. 밝은 숲을 보았다면 당신이 마음으로 긍정적인 사람임을 뜻하는데, 아마도 소박하게 그러할 것이다.

당신이 만약 숲에서 오솔길을 보았다면, 아직 완성되지 않은 당신이 삶에서 여전히 길을 찾고 있다는 의미가 된다. 자신의 성장과업에 대한 안정감 및 확신이 있는 사람은 길을 보지 않는다.

2. 컵

컵은 부[富]와 부를 향한 태도를 상징한다. 트로피 같은 컵을 상상했는가? 커피 잔을 생각했는가? 당신은 스스로에게 보상을 줄 기회를 얻은 것이고, 가치 있는 무언가를 보았다. 그랬는가?

만약 그 컵을 내버려 두었다면, 당신은 보상을 무시하기로 선택했다는 뜻이다. 물질적 부요함은 당신에게 진실한 가치가 적거나, 아니면 당신은 스스로 보상받을 만큼 열심히 노력하지 않았다고 생각하는 것이다.

혹은 컵을 집어들고 담긴 것을 마셨는가? 이것은 당신이 실용적인 소비방법을 발견하고 지금 여기에서 보상을 취한 것이다.

컵을 가지고 여정을 떠난다면, 당신은 그것을 가치 있는 것으로 여긴 것이다. 당신은 자신에게 빠르게 보상하고 다시 새로운 기회를 찾아 나선다.

3. 물

여기에서 물은 당신의 성적 욕망을 대한 태도를 의미한다. 당신이 본 물이 흐르는 속도는 당신의 성적 욕구를 나타낸다. 그러나 그것이 당신의 요구를 의미하는 것은 아니다. 물살이 빠를수록 욕구가 큰 것이다.

깊이는 당신이 성적인 관계에서 충족되는 느낌에 대한 기대치를 의미한다. 얕은 물을 보았다면 당신은 뜨겁고 강렬한 사랑을 즐기고자 한다. 한편, 빠른 물살은 가볍고 잦은 사랑으로 충분하다.

쉬운 방식으로 물을 건널수록 당신이 성적 측면에 접근하는 방식은 더 편안하고 자유롭다. 그러므로 어렵게 물을 건넜다면, 당신의 성적 취향은 불편하고 신경증적일 수 있다.

4. 곰

곰은 인생의 걸림돌과 그것을 어떻게 극복할 것인지를 나타낸다. 당신은 문제를 포착할 기회를 잡았는가? 만약 당신이 테디베어를 보았다면, 당신 삶에서 상대적으로 스트레스는 거의 없는 것으로 생각할 수 있다. 당신은 편안하게 삶을 활공滑空한다.

그러나 대부분의 사람들은 진짜 곰을 본다. 만약 곰이 당신을 아직 보지 못했거나 보았지만 자기 할 일에만 몰두한다면, 당신 인생의 문제는 감당할 만한 것이다. 당신의 스트레스는 조절이 불가능할 정도로 크지 않다. 큰 문제를 볼 수 있는 기회가 주어져도 당신은 보지 않는다.

그러나 만약 당신이 위험한 동물을 보았고 그 동물이 어떤 방식으로든지 당신의 안전에 위협이 된다면, 당신은 상당 수준의 스트레스를 받고 있거나 현실의 삶에서 걱정이 많을 것으로 생각된다. 당신은 아마도 휴식이 필요할 것이다.

곰을 어떻게 통과할 것인지는 당신이 문제를 어떻게 다루고 해결하는지를 보여준다. 대부분의 사람들은 용기를 내어 곰을 움직일 정도로 충분히 달래서 위협을 피해갈 수 있다.

5. 해변

해변의 이미지는 당신이 타인과 어떻게 관계 맺는지를 상징한다. 당신이 해변에서 그린 사람들의 숫자는 직접적으로 당신이 인생에서 접촉하기를 원하는 사람의 숫자와 관련이 있다. 사회적으로 외향적인 사람은 많은 사람들이 있는 회사에서도 매우 편안함을 느끼고 어디로 여행을 가든지 이러한 '청중'을 찾을 것이다. 이와 같이, 사막의 해변을 본 사람은 흔히 장기간 홀로 있는 시간을 즐긴다.

그 해변의 어디에서 사람을 보았는지도 중요하다. 만약 사람들이 매우 가깝게 있었다면 이것은 당신이 대부분의 시간 동안 타인과의 접촉을 원한다는 것을 뜻한다. 만약 그들이 멀리 있었다면, 당신은 그들이 당신과 함께 하면서도 근접하지 않았다는 것에 행복을 더 느낄 공산이 크다. 당신은 당신만의 공간을 갖는 것에 만족한다.

정서 검사

:: 쇼핑몰 (118쪽)

1. 상처받기 쉬운 2. 흥분한 3. 불안한 4. 무력한 5. 행복한

6. 구경꾼 7. 승리자 8. 칭찬하는 9. 염려하는 10. 축하하는

11. 연합한 12. 자신있는 13. 걱정없는 14. 추구하는 자 15. 거절당한

16. 조력자 17. 위험감수자 18. 속상한 19와 20. 연합한

21. 외로운 22. 짓궂은 23. 도움이 필요한 24. 좌절한 25. 제외된

26. 떼쓰는 27. 독특한 28. 부담이 큰 29. 의식하지 못하는 30. 어설픈

31. 재미를 추구하는 32. 장난스러운 33. 추종자 34. 상처입은 35. 표적이 되는

36. 수동적인 37과 38. 안전한 39. 신중한 40. 압도된

41. 현실도피하는 42. 오해한 43. 사랑하는 44. 우두머리 45. 화난

46. 피해자

:: 성격 특성의 집 (120쪽)

1. 찾는 자 2. 기회주의자 3. 길을 잃은 4. 불만족스러운 5. 미루는 자

6. 지원하는 7. 돕는 8. 지키는 자 9. 간섭하는 10. 충족하는

11. 사랑하는 12. 피해자 13. 완벽주의자 14. 자족하는 15. 해방된

16. 믿을 수 없는 17. 잘 속는 18. 자기애 19. 행복한 20. 기념하는

21. 신중한 22. 화난 23. 기력이 없는 24. 적절한 25. 창의적인

26. 의지할 만한 27. 주관자 28. 불안한 29. 친절한 30. 개방적인

31. 무의식 32. 부모의 33. 걱정하는 34. 취약한

:: 정글짐 (121쪽)

1. 짓궂은 2. 도와주세요! 3. 사고를 잘 당하는 4. 책임자 5. 걱정없는

6. 자기만족 7. 파괴자 8. 암살자 9. 매달린 10. 놀이친구

11. 놀이친구 12. 외면당한 13. 과시하는 14. 행복한 15. 신이 난

16. 도움을 주는 17. 뾰로통한 18. 피해자 19. 혼자 있는 것을 좋아하는

20. 격려하는 21. 추종자

CB 정체성 질문지 (136쪽)

• **대부분 a)라고 응답한 경우**

당신은 누구인가? 당신은 자신의 정체성에 대한 뚜렷한 감각을 갖고 있지 않은 것으로 드러난다. 나는 심지어 내가 지금 누구와 이야기하고 있는지도 잘 모르겠다.

• **대부분 b)라고 응답한 경우**

우리 대부분이 그러하듯이 당신은 이도 저도 아니고 어중간하다. 자신감 있지만 주저하고, 개방적이지만 안전감이 필요하다. 당신은 눈물을 흘리는 경향이 있는데, 이것은 호감 가는 특성이다.

• **대부분 c)라고 응답한 경우**

당신은 당신이 누구인지 정확하게 알고 있다. 그러한 확신이 걱정스럽기도 하다.

일상의 죄책감 검사 (146쪽)

응답 척도

16 = 과도한 죄책감

 4 = 거의 죄책감 없음

상황적 문제 검사 (155쪽)

• 낮은 점수 (1~15점)

당신은 자연과 조화를 이루며 겸손하게 사는 법을 아는 시골 의사와 같은 상식을 가지고 있다. 지구에게 영혼이 있다는 것과 그것이 아름답다는 개념은 당신에게 자연스럽게 다가온다. 실로 당신은 사물의 내면에 영혼이 담겨 있다는 것과, 그것의 겉모습이 눈에 보이는 물질이라는 사실을 음미하고 있다. 좋은 일을 계속하기를 바란다!

• 중간 점수 (16~25점)

많은 사람들이 이 범위에 속한다. 당신은 자연이 영혼을 양육하는 토양임을 알고 있다. 한편으로는 자연과의 연결점을 상실하는 것을 깊이 걱정하면서도, 때때로 문명의 더러움에 흔들리는 스스로를 발견하곤 한다. 당신은 이런 식으로 어느 한 쪽으로 결정하지 못하는 경향이 있고, 따라서 그날그날 점수가 달라질 수 있다.

• 높은 점수 (26점 이상)

융은 과학과 기술이 발전할수록 우리가 발명품과 발견물을 사용하는 용도는 더 악하게 될 것이라고 우려하였다. 당신이 매우 바쁜 삶을 살고 있다면, 자연은 물질이자 영혼이라고 믿는 사람들과 함께하는 시간이 매우 부족해질 수도 있다. "내면세계를 의식화하지 못하면 그것이 외부세계에서 운명처럼 발생한다"는 칼 융의 심리학적 규칙을 마음에 기억하는 것도 좋겠다.

수줍음 질문지 (164쪽)

대부분 a)

당신은 숨기는 것이 없다. (내가 틀릴 수도 있다. 이 질문지는 정확한 것은 아니다.) 그리고 사람들이 당신을 어떻게 생각하는지 걱정하지 않는다. 당신은 과거에 있었던 백과사전 방문 판매인이었다고 해도 생계를 잘 꾸려 나갔을 것이다.

대부분 b)

이 세상은 험한 곳이다. 그러나 당신은 잘하고 있다. 당신은 아마도 사람들 모두 어느 정도는 수줍어 한다는 것과 수줍음이 거만함의 가면을 쓸 수 있다는 것을 이미 생각하고 있을 것이다.

분노 수준 검사 (172쪽)

1. 만약 당신이 1번에 c), 2번에 c), 3번에 c), 4번에 b), 5번에 b), 6번에 c)로 응답하였다면, 축하한다. 당신은 실로 매우 화가 난 사람이다. 당신은 오셀로[1]를 이성적인 사람으로 볼 수 있다. 당신은 결정과 행동이 빠르고 복수심을 달래기 어렵고 심지어 상상력도 풍부하다. 브라보.

2. 만약 당신이 1번 b), 2번 a), 3번 a), 4번 a), 5번 a), 6번 a)라고 응답했다면, 당신은 분

명 제정신이고 신중하지만, 또한 대단히 영악하다. 당신은 감정을 조절하여 이성적이고 합리적이며 판단력 있는 상태로 보일 수 있다. 전문가의 도움을 한번 받아보는 건 어떨까.

3. 만약 당신의 응답이 위의 어느 것과도 맞지 않고 일관적이지 않게 뒤섞인 응답을 했다면, 주의하라. 당신은 위험한 구석이 있다. 예측불허하고 비이성적이고 광적이다.

꿈 자각 조사 (176쪽)

1. 날아가는 꿈

a) 잘 안다.

이 꿈은 아마도 당신 자신의 능력을 과대평가하지 말라는 무의식적 경고일 것이다. 우리 삶이 어떻게 흘러가든 항상 발을 땅에 붙이고 현실에 사는 것은 중요하다. 이카루스[2]를 생각해 보라.

1 오셀로는 셰익스피어의 비극 ≪오셀로The Tragedy of Othello, the Moor of Venice≫의 주인공이다. 간교한 음모에 속아 아내를 의심하고 질투심 때문에 아내를 죽인 뒤, 음모임을 깨닫고 자살한다.

2 이카루스Icarus는 그리스 신화에 등장하는 인물로, 미노스 왕에 의해 크레타 섬에 감금되었다가 밀랍으로 붙인 날개를 달고 탈출하였다. 날 수 있게 되자 흥분하여 너무 높이 올라가 결국 태양의 열기로 밀랍이 녹자, 날개를 잃고 바다로 추락하였다.

b) 잘 모른다.

이 꿈이 문자 그대로 당신에게 날아보라고 권유하는 꿈은 아닐 것이다.

c) 어느 정도 안다.

아마도 당신의 인생은 잘 흘러가고 있고, 이것은 그저 당신의 높은 정신의 반영일 것이다. 실제로 이런 꿈은 매우 즐겁다. 그러나 한 쪽 발은 땅에 붙이라는 조언을 기억하라.

2. 학생 꿈

a) 잘 모른다.

이 꿈이 당신의 학교 관련 진로를 고민하게 만들어서는 안 된다. 대부분 꿈은 보이는 그대로의 의미가 아니다.

b) 잘 안다.

만약 어린 시절의 당신이 신경이 과민한 학생이었다면, 교실에 앉아 있는 꿈은 학교와는 상관 없는 많은 걱정들을 나타내는 것일 수 있다.

c) 어느 정도 안다.

아마 그럴 수도 있겠지만, 시험을 치르는 것에 내포된 평가의 의미에도 불구하고 이 꿈이 반드시 평가에 대한 일반적인 두려움으로 해석되어야 할 필요는 없다.

3. 잠자는 곰

a) 잘 안다.

내면의 동물을 깨워라. (위험할 가능성이 있는) 야생동물이 잠들어 있는 주변에서 깨금발로 걸어다니는 것은, 아마도 강렬한 어떤 것이 내면에서 끓고 있고 또한 그것이 드러나길 원한다는 신호일 것이다. 주의해서 진행하라. 당신은 어쩌면 이 곰의 에너지를 당신의 이익을 위해 사용하게 될지도 모른다.

b) 어느 정도 안다.

개연성이 낮다. 어쩌면 당신이 정말로 곰을 무서워할 수도 있겠지만…….

c) 잘 모른다.

오직 당신과 당신을 사랑하는 사람만이 당신이 지저분한지를 알 것이다. 이와 같은 꿈은 그러한 주제를 밝히는 것은 아니다.

4. 이성과 씨름하는 꿈

a) 잘 모른다.

만약 정말로 당신에게 더 큰 침대가 필요하다고 해도 그것이 이 꿈의 주제는 아닐 것이다. (밤에 실제로 배우자와 씨름을 한다면, 배우자는 새로 하나 사자고 주장할지도 모른다.)

b) 잘 안다.

꿈은 종종 우리의 깨어 있는 삶을 교정하는 역할을 한다. 이 경우, 당신은 내면의 여성성에 주의를 기울일 필요가 있다. 내면의 그녀는 자기가 잘 드러나지 않는다고 말하는지도 모른다.

c) 어느 정도 안다.

이 꿈이 남성성과 여성성의 불균형을 가리키는 것일지도 모르나, 당신의 무의식적 내면의 자아가 과격한 방법을 추구하라고 조언하는 것은 아닐 것이다.

5. 기차 꿈

a) 잘 안다

기차는 고정된 트랙 위를 달려 정해진 종착지를 향해 간다. 꿈에서 지정된 코스를 벗어날 수 없는 것은, 운명은 통제 바깥에 있다고 느끼는 당신 상태를 가리킬 수도 있다.

b) 어느 정도 안다.

가능한 해석이다. 그러나 지하철은 아마도 주제와 상관이 없을 것이다.

c) 잘 모른다.

자전거를 타는 것이 저렴하고 건강에도 유익한 이동방법이지만, 이 꿈은 당신에게 이동의 방법을 조언하는 것은 아니다.

디지털 의존성 지수 (178쪽)

• 4~8점 (비의존자 Digitally Independent**)**

당신은 어쨌거나 디지털 시대의 장신구에서 비켜서는 데 성공했다. 이 인상적인 위업은 (의심할 여지없이) 성실하고 의식적인 노력을 통해 이룬 것이다. 다만 친구와 가족들은 당황스러워 하거나 아마도 당신과 소원해졌을지도 모른다. 그들은 당신의 등 뒤에서 당신을 '구닥다리'라고 부를지도 모른다.

• 8~12점 (약한 의존 Mild Digital Dependency**)**

당신은 현대 사회를 완전히 부인하지는 않는다. 아마도 생활 속 기술이 주는 안락함을 알고 있을 것이다. 그러나 가끔 (의도치 않게) 사회 모임에 제외되고 일상의 대화나 행동에서 혼란스러움을 느낄 것이다.

• 12~16점 (경계선 의존 Borderline Digital Dependency**)**

디지털 기술은 당신 삶에 중요한 역할을 하고 있다. 그러나 당신은 회사에서 너무 자주 기기를 들여다보고 있고, 그 기기가 장기간 방전되면 스트레스를 받을 것이다. 지금의 상태에서 '완전 의존' 상태로 들어가는 시기는 당신 예상보다 더 빠를 것이다.

• **16~20점 (완전 의존**Total Digital Dependency**)**

당신은 디지털 중독자다. 당신의 관점에서는 디지털 세상이 이미 물리적 세상을 대체하였을지 모른다. 당신은 배우자가 여전히 함께 살고 있는지, 그리고 친구들이 실존 인물인지 확인해보는 것이 좋겠다. 기기를 끄고 공원에서 긴 산책을 해보기를 조언한다.

자아 건강 검진 (180쪽)

• **4~5점**

과도한 자존심. 과대 자기. 불행하게도 당신은 자기애를 겪고 있다. 이것은 당신이 왜 아직도 싱글인지 설명해 준다. 당신의 동료가 왜 당신과 일하지 않으려 하는지, 그리고 사람들이 파티에서 당신이나 당신의 자극적인 이야기를 피하려고 하는지를 설명한다. 스스로를 천천히 오랫동안 바라보기를 조언한다. 거울 속의 모습을 사랑스럽게 바라보는 것이 아니라, 당신의 행동이 다른 사람들에게 어떤 영향을 주는지를 알아차리기를 바란다.

• **10~13점**

건강한 자아. 축하한다. 당신은 건강하고 균형잡힌 자아을 이루었다. 이것은 당신이 원한다면, 다른 사람과 함께 즐거운 인생을 나누고 타인의 조언을 듣고 전문적으로 이윤을 얻을 수 있는 입장이라는 것을 뜻한다. 또한 당신은 당신을 놀리는 것도 기꺼이 즐길 줄 안다.

•18~20점

손상된 자아. 자존감의 결핍은 종종 냉철한 현실주의 또는 극단적인 겸손으로 오해될 수 있다. 정말로 당신은 자신의 가치를 확고하게 하지 않고, 이 세상에서 역할을 해내는 당신의 능력을 약화시킨다. 당신은 당신 자신과 주변 사람들이 당신의 독특하고 훌륭한 자질에 접근하지 못하게 한다. 당신은 정말로 그렇게 매력적이지 않은가? 당신의 일은 정말로 그 다음 사람의 것보다 못한가? 절대로 그렇지 않다.

색채검사 (192쪽)

다음은 뤼셔^{Luscher} 검사의 핵심적인 내용을 채택하여 간소화한 것이다.

:: 회색

• **매우 좋아함** : 이 색은 중간 지대의 색깔이다. 당신은 중립적이고, 다른 사람들에게 잘 받아들여진다.

• **중립적임** : 당신은 느긋한 관찰자이다.

• **매우 싫어함** : 당신은 그룹에 속하는 것을 좋아하고, 에너지와 열정으로 목표를 이루고자 노력한다.

:: 검정색

• **매우 좋아함** : 이 색상은 "아니오"라고 말한다. 당신은 자신감있고 스스로 충분하고, 인정받고 있다. 그러나 당신의 운명을 거스르고 있다.

- **중립적임** : 당신은 목표를 이루기 위해 당신의 입장을 고수하고 있다.
- **매우 싫어함** : 당신의 운명을 지배하고 있고, 잘 해내고 있다. 다만, 스트레스 상황을 해결하기 위한 행동을 취하는 것을 꺼릴지도 모르겠다.

:: 노랑색
- **매우 좋아함** : 당신은 행복하고 긍정적이다. 역동적인 행동을 취하여 결과를 달성하기를 좋아한다.
- **중립적임** : 인생을 대하는 당신의 태도는 무사태평이고 침착하다. 당신은 낙관적이고 대부분의 시간에 열심히 일한다.
- **매우 싫어함** : 당신은 좌절을 경험해 왔고 그래서 실망하게 되었다. 만약 당신의 희망과 꿈이 무너졌다면, 당신은 방어적이고 침체될 수 있다.

:: 빨강색
- **매우 좋아함** : 당신은 열정과 에너지로 정의된다. 당신은 충동적이고 야심적이고 섹시하다. 당신은 인생을 충만히 산다.
- **중립적임** : 당신은 희망적이고 인생에 대한 기대에 차 있다. 당신은 삶에서 보다 흥분되는 것을 원한다.
- **매우 싫어함** : 삶에 대한 욕망이 줄어들어, 당신은 즐거움이나 게임을 포기해야 할 필요를 느낀다.

:: 갈색
- **매우 좋아함** : 당신은 편안하지 않고 자신감도 부족하지만, 여전히 타인에게 매혹적이고 매력적으로 보이길 원한다.
- **중립적임** : 당신은 미묘한 차별 의식을 가지고 있고, 지나친 걱정도 하지 않으며 아마도

좋은 상태에 있을 것이다. 당신은 친밀한 분위기에서 확실하고 세련된 상태로 있는 것을 좋아한다.

- **매우 싫어함** : 당신은 신체에 대한 충분한 주의를 기울이고 있지 않으며, 아마도 스트레스를 받고 있을 것이다. 당신의 섬세한 감정이 가끔 상하기 때문이다.

:: 녹색

- **매우 좋아함** : 당신이 좋아하는 것은 안락함, 소유물들 그리고 삶의 좋은 것들이다. 당신은 상당한 수준의 성취자이며, 다른 사람들에게 잘 보이길 원한다. 그러나 실패를 두려워하지는 않는다.
- **중립적임** : 당신은 원하는 만큼 얻지 못하는 것에 실망하고 있을 수 있다. 그리고 보다 공감적이고 우호적인 환경을 희망한다. 아마도 당신이 에로티시즘을 즐기는 다정한 사람이기 때문일 것이다.
- **매우 싫어함** : 당신의 자아는 멍들었다. 당신은 높은 기준에 걸맞은 사람들과 어울리고자 하는 충족되지 않는 욕구를 가지고 있다. 당신이 가진 것에 만족하지 않고, 타인에게 매우 비판적일 것이다. 냉소적이고 고집스럽다.

:: 파랑색

- **매우 좋아함** : 당신은 침착하고 충실하다. 그러나 예민하고 쉽게 상처받는다. 당신은 좋은 삶과 만족감을 원한다. 그리고 매사가 나빠지는 방향으로 향하면 매우 초조해한다. 당신은 안정적인 관계를 원한다. 만족하면, 당신은 살이 찔 수도 있다.
- **중립적임** : 당신은 운명의 끝을 알고 있다. 확실한 해결을 갈망할 때에도, 인생에 대한 냉정하고 때때로 행복하지 않은 타협을 하는 경향이 있다.
- **매우 싫어함** : 당신은 불만족스럽다. 당신을 제한하는 매듭으로부터 자유로워지기를 고대한다.

:: **보라색**

- **매우 좋아함** : 당신은 충동성과 침착한 수용성, 그리고 지배와 복종 사이에서 방황하고
  있다. 당신은 관계에서 신비롭고 마술적인 경향이 있다. 정서적으로 미성숙한 것은 당신
  이 희망사항과 환상의 꿈속에 갇혀 있다는 것을 의미한다. 당신은 이미 과도하게 경험한
  흥분을 좀 피할 필요가 있다.
- **중립적임** : 과도한 요구가 없다면 당신은 다른 사람들과 함께 참여할 수 있다. 환상은 너
  무나 즐겁고 자라기 어렵다.
- **매우 싫어함** : 당신은 성숙하고, 가혹한 현실을 직시할 수 있다. 당신은 신경쇠약의 고통
  을 겪지 않으며 인생이 제공하는 모든 것을 경험하기를 원한다.

가족관계 검사 (198쪽)

1. 제외된	2. 명령자	3. 옮겨가야 할 때	4. 부담스러운
5. 탈출하는	6. 연합하는	7. 우두머리	8. 균형잡힌
9. 희생자가 되는	10. 뒤로 제지되는	11. 작아지는 느낌	12. 아웃사이더

관계성 검사 (200쪽)

1. 기념하는	2. 굴욕적인	3. 잠정적인	4. 승리한	5. 우월한
6. 지휘하는	7. 교착상태	8. 막힌	9. 군림하는	10. 휘말린
11. 보호하는	12. 챔피언	13. 균형 잡힌	14. 지탱하는	15. 노예가 된
16. 복종하는	17. 차단하는	18. 먼 거리의	19. 박해받는	20. 의존성
21. 신뢰하는	22. 떨어져 있는	23. 탈출한	24. 관조적인	25. 굽신거리는
26. 사랑하는	27. 함정에 빠진	28. 조종당하는	29. 사랑스러운	30. 돌보는

집-나무-사람 검사 (206쪽)

:: 집

1. 집의 크기에 주목하라. 큰 집은 가족에게 개인이 압도되는 것이고, 작은 집은 가족생활에서 많은 것을 포기하는 것이다.
2. 집의 벽을 관찰하라. 약한 선은 자아의 연약함을 나타낸다. 강한 선은 경계를 강화할 필요성을 의미한다.
3. 지붕을 얼마나 세밀하게 묘사했는지를 보라. 디테일이 더 많을수록 더 많은 환상에 집중하는 것이다. 미완성된 지붕은 무시무시한 생각을 회피하는 것이다.
4. 창문, 문, 보도가 있는지 확인하라. 다른 사람과의 상호작용의 개방성을 나타낸다.

5. 수풀, 그림자, 덧문, 빗장 혹은 커튼 등이 포함되었는지를 확인하라. 타인에게 개방적일 것인지를 주저하는지를 보여준다.

:: 나무

1. 몸통의 크기에 주목하라. 작은 몸통은 약한 자아를, 큰 몸통은 큰 자아를 의미한다.
2. 몸통이 반으로 나누어져 있는지 관찰하라. 그것은 성격구조가 분할되어 있음을 뜻한다.
3. 나무의 가지가 어떻게 그려져 있는지 판단하라. 떨어져 있거나 작은 가지들은 타인과의 소통이 어려움을 나타낸다. 큰 가지는 다른 사람과 심하게 연결되어 있음을 뜻한다. 뾰족한 가지는 적대감을 나타내고, 죽은 가지는 황량함을 나타낸다.
4. 이파리가 있는지 주의하라. 이파리를 그린 것은 다른 사람과 성공적으로 연결되어 있음을 나타낸다. 이파리가 없으면 공허한 것이고, 분리된 잎은 양육의 결핍을 의미한다.
5. 나무 뿌리의 세부묘사를 구분하라. 평범한 뿌리는 현실적인 사람임을 의미한다. 뿌리가 부족하면 안정적이지 못한 것이고, 과장된 뿌리는 현실에 집착하는 강박성을 의미한다. 죽은 뿌리는 현실로부터 완전히 유리된 정서를 나타낸다.

:: 사람

1. 팔의 자세를 보라. 열린 팔은 타인과 교감하려는 성향을 나타낸다. 닫힌 팔은 적개심을, 단절된 팔은 무방비 상태에 있음을 나타낸다.
2. 손의 자세를 관찰하라. 가리키는 손가락과 주먹 쥔 손은 적개심을 나타낸다. 숨기거나 장갑을 낀 속은 반사회적 경향성을 의미한다.
3. 다리와 발의 세부묘사에 주의하라. 종이의 아랫부분에서 모양이 잘려 있는 것은 무기력하다는 것을 나타낸다. 크거나 작은 양쪽 발은 보다 더 안정성을 필요로 하는 것이다.

4. 입의 세부묘사를 판단하라. 벌리거나 큰 입은 의존성을 의미한다.

5. 얼굴이 얼마나 자세한지 구분하라. 얼굴의 세부사항을 묘사한 정도는 자기 자신을 용인 되는 방식으로 표현할 필요성을 나타낸다.

그림완성 검사 (210쪽)

:: 210쪽

• 1번

이 그림은 당신 스스로에 대한 지각과 관련된 것이다. 당신은 확신에 찼을 수도 있고 머뭇 거렸을 수도 있다(얼굴을 그리거나 원에 색을 칠하는 등). 혹은 자신을 둘러싼 써클의 외부 로부터 압력을 받았다고 생각했을지도 모른다. 당신은 아마도 스스로를 빛나는 태양이나 한 송이의 꽃이라고 행복하게 보았을 수 있다.

• 2번

당신의 전 생애가 이 공간에서 드러난다. 어쩌겠는가. 힌트나 안내지침 없이, 당신은 내면 의 자기 모습을 드러냈다.

• 3번

사각형은 건축의 단위이다. 당신의 반응은 집/가정 혹은 정원에 대한 감정과 관련이 있다. 이것들은 당신의 정체성 측면의 암시를 포함할 수도 있다.

• 4번

두 개의 선은 피할 수 없는 우주의 이원성을 상징한다. 특히 성^性의 이원성와 같은……. 어쩌면 당신은 방금 막 사랑에 대한 깊은 감정을 드러냈을 것이다. (다른 한 편으로는, 그렇지 않을 수도 있다.)

• 5번

이 모티브는 당신의 정서적 삶과 관련된다. 당신은 파도 위에 떠 있는가, 아니면 그 아래로 가라앉고 있는가? 손을 흔들고 있는가, 아니면 익사할 것인가? 혹은 당신은 완전히 다른 그 외의 것을 보면서 계획하고 있는가?

• 6번

당신이 한때는 당신의 부분과도 같았다가 당신으로부터 멀어진 친구들과 어떻게 관계 맺는지를 드러낼 것이다.

:: 212쪽

1. 당신을 스스로 어떻게 보는가
2. 다른 사람이 당신을 어떻게 보는가
3. 어린시절/청소년 시절
4. 당신의 낭만적인 삶
5. 당신의 미래
6. 죽음

:: 213쪽

1. 당신이 얼마나 적응적인지를 보여준다.
2. 당신의 관계 능력, 그리고 얼마나 당신이 다정한지를 보여준다.
3. 앞으로 전진하고자 하는 동기와 욕망을 보여준다.

4. 어려움과 문제를 극복하는 능력을 보여준다.

5. 결정을 수용하고 그대로 실행하는 역량을 보여준다.

6. 분석하는 능력을 보여준다.

7. 당신의 감정과 정서를 보여준다.

8. 당신이 사회적으로 상호작용하는 능력을 보여준다.

추상 이미지 검사 : 멜 구딩Mel Gooding

:: 219쪽 (뮤지컬 느낌)

이 이미지에는 그려지거나 경험된 것 외의 어떤 형상이 있다. 그것은 내부에서 나온 것으로 보이는데, 몸에서 비롯된 느낌이기는 하지만 몸을 그린 것은 아니다. 복잡한 감각이나 내면의 느낌에 사로잡힌 것처럼 보인다. 그러나 어떤 감각이고 어떤 느낌일까?

당신은 이 형체가 춤을 추는 것 같은 황홀한 기쁨을 경험하고 있다고 느끼는가? 아마도 머릿속에서 이파리와 꽃잎 모양으로 변하는 멋지고 광적인 언어를 노래하는 것 같은가? 마음으로부터 벗어나 자유롭게 날고 있는 것 같은가? 그렇다면 당신은 아마도 외향적인 쾌락주의자일 것이다. 육체적 쾌락을 즐기는 연인이자 정신적 자유를 꿈꾸는 몽상가이다. 이상할 만큼 부드러운 아령 모양들은 긴장을 풀어주는 내면의 리듬에 해당한다. 마음과 몸은 기쁨을 느끼는 하나의 감각이 된다.
아니면, 당신은 그림의 어깨 부분에서 구부러진 유기적 동심원 선들이 표현하는 고집스러운 리듬에 저항하고 있는가? 그리고 왼쪽 아랫부분에 날카로운 모서리가 동심원 패턴과 마찬가지로 그려진 것에서 일종의 통제의 안정감을 느끼는가? 이러한 독해에서 이 이미지의 몸통은 몸짓의 움직임과 함께 리드미컬한 대위법에 반응한다. 지금 이렇게 돌고, 지금 저렇게, 다시 지금 이렇게, 중심의 아래로. 태양 같은 노란색과 수줍은 분홍색의 열정은 대지의 초록색에 의해 상쇄된다. 당신은 일반적인 것 이상으로 현실적이다. 아마도 당신은 균형을 유지하고 극단적인 것을 피하는 것을 좋아할 것이다.

:: 221쪽 (구성)

파란색은 공간, 끝없음, 무한의 색이다. 맑은 날 우리 위의 하늘을 바라보는 것은 시작도 끝도 없이 영화처럼 푸르른 광대함을 깨닫는 것이다. 이것은 누군가에게는 천국과 일체되는 몽상 같은 경이를 불러일으킨다. 또 어떤 사람들은 어지러운 방향감각의 상실을 느낀다. 그들은 일종의 역방향 현기증[1]을 느낀다. 발로 딛고 설 지면을 잃어버릴 것 같은 근거 없는 두려움을 느낀다. '단단한 모든 것이 공기 속으로 녹아 들어간다.' 이를테면 파란색은 보는 이에게 하나 이상의 효과를 줄 수 있다. 평온함과 안식, 혹은 두려움의 기억 그리고 심리적 동요를 야기할 수 있다. (다른 색상들도 유사하게 대립되는 효과를 가질 수 있다.)
이렇게 모순적인 반응들 가운데 어느 것이 당신의 응답에 가까운가? 마음의 역할에 따라 혹은 그 표면 아래에 놓여 있는 것에 따라, 당신은 서로 다른 때에 각각을 모두 느낄 수도 있

1 역방향 현기증은, 높은 곳에서 아래를 내려다볼 때 느끼는 아찔하게 떨어질 것 같은 현기증과 반대의 방향에서 일어나는 현기증이다. 즉, 너무나 높은 곳을 올려다볼 때 느끼는 어지러움이다.

다. 이 광대한 파란색에 대해 당신이 느끼는 것은 단순하고 일정한 반응이 반사되는 것처럼 당신의 현재 감정을 투사한 것일 수 있다. 만약 당신이 심리적으로 평온하고 동요하지 않는 영혼을 가지고 있다면, 당신은 우주의 행복감을 만끽할 수 있을 것이다. 만약 당신이 어떻게든 교란되었다면 (당신이 그 사실을 모르고 있더라도) 당신은 방향감각을 잃은 느낌과 낯선 것에 대한 혐오감을 느낄지도 모른다.

하단부에 우뚝 서 있는 회색 물체는 어떤 인물을 상징하는 것처럼 보인다. 어쩌면 그림을 보고 있는 당신일 수도 있다. 이 물체의 발끝은 땅에 정확하게 닿아 있지 않다. 그리고 작은 왕관 같은 모양은 가로선 위에 부유하고 있다. 이것은 갑작스런 돌풍에 날아간 당신의 모자인가? 한 마리의 새인가? 연인가? 이것은 상실에 대한 암시를 유발하는가? 이것은 살짝 떠서 우뚝 서 있는 물체의 소유로 보인다. 그러나 이것은 높고 멀리 단절되어 있고, 아마도 영원히 우주 속으로 올라가는 듯하다. 어떤 사람들은 비행하는 것, 혹은 심지어 연을 그저 바라보기만 해도 불편감을 겪는다. 이것은 통제를 넘어서는 예측할 수 없고 보이지도 않는 힘에 좌우되는 것으로 보인다. 그들은 심리적 불확실성과 일종의 가장된 공황 상태에 사로잡혀 있다.

:: 223쪽 (특별한 무늬가 있는 예식 모자)

어쩌면 당신은 이 그림이 당신을 안으로 끌어당기고 그림 중앙으로 이끈다고 느낄 수도 있다. 그것은 자궁 모양의 동심원 구성에 의해 중심이 되고 보호받고 안기는 감각을 유발할 수도 있다. 당신은 사물의 핵심 속으로 이끌려 들어가는 느낌을 받을지도 모른다. 이러한 반응은 그 자체로 중심적인 성격임을 나타낸다. 당신은 기꺼이 온 세상, 그리고 별들과 해와 달이 속한 우주가 당신을 중심으로 돌아가게 할 것이다. 당신은 자기중심적이지만, 외부의 우연한 사건들을 살아 있는 그대로 인식한다. 당신은 사물을 있는 그대로 좋아하고, 그

것이 계속해서 그렇게 있기를 원한다.

한편, 당신은 어쩌면 소용돌이치는 세상을 포용하기 위해 팔을 바깥으로 뻗은 채 꼿꼿이 서 있는 중앙의 모양을 제일 처음 가장 중요하게 보았을 수 있다. 그것은 사물의 역동성에 관여하는 진동하는 내면의 에너지를 가득 담고, 혼란에 빠지지 않은 채 손을 뻗고 있다.

이와 같은 대안적 반응들이 반드시 서로 배타적인 것은 아니다. 첫째, 여성적으로 묘사될 수 있다. (여성은 아니지만) 둘째, 남성으로 묘사될 수 있다. (남성도 아니지만) 당신은 서로 다른 때에 각각을 따로 느낄 수 있고, 그런 다음 모두를 동시에 경험하는 즉각적이고 깊은 기쁨을 느낄 수도 있다. 시도해 보라. 그 느낌들이 함께 다가온다면 당신은 온전한 심리적 통일감, 황홀한 일치감의 순간을 누릴 수 있을 것이다.

:: 225쪽 (탄트라 그림)

당신은 이것을 강렬한 정서적 이미지로 볼 수도 있고, 아니면 순수한 명상을 위한 중심점으로 볼 수도 있다. 이것은 다양한 해석을 하게 한다. 그리고 이것은 집중적인 사색의 시간을 필요로 한다. 이것은 충만함과 공허함을 동시에 제시한다.

첫 번째 경우는 짙은 푸른색의 중앙 타원형을 그 속으로 모든 것이 끌어당겨지고 모아지는 농축된 암흑물질의 이미지로 본 것이다. 수채화 느낌의 분홍 구름은 피와 불을 암시하는 것처럼 보인다. 이것은 원시적 기원의 보편적 상징인 완벽한 타원형의 공간 속으로 흡수되고 있다. 이 타원형은 어둔 밤 같은 암흑의 잠재력을 가진 듯하다.
두 번째 경우는 이 타원형을 빈 공간, 혹은 우주의 여백, 혹은 반사되지 않는 어두운 거울의 이미지로 본 것이다. 당신은 렌즈를 통해 어둡게 그 속을 들여다본다. 그것은 실체가 없고

반투명의 기운으로 둘러싸여 있으며 일식으로 어두워진 달과 같은 것이다.

첫 번째 해석은 사물의 잠재성을 극대화하려는 외향적 반응을 나타내는 것이며, 예상된 상황의 주어진 측면 속에서 심리적이고 정서적인 즐거움을 찾으려고 살피는 것이다.
두 번째 해석은 어두움을 즐거움 상실의 은유로 본다. 어두운 표면은 시야를 막는 장애물이다.
첫 번째는 물이 담긴 유리컵을 본 순간, 반이 채워진 것을 보는 사람의 반응이다. 두 번째는 물이 담긴 유리컵을 봤을 때 반이 비어 있는 것을 보는 사람의 반응이다.

:: 227쪽 (생각의 써클)

누군가 말하기를, 머리가 둥글기 때문에 우리의 생각은 어떤 방향으로도 향해 나갈 수 있다고 했다. 생각은 거의 직선으로 나아가지 않는다. 특히 우리가 어떤 것에 대해 무엇을 생각할지 확신하지 못할 때는 더욱 그러하며, 이때 생각은 종종 우리를 잘못된 방향으로 이끈다. '내 머리 속에서 끊임없이 돌아가는 것들'이란 표현은 방향성 없는 사고, 정신적 혹은 심리적 혼란을 말하는 흔한 표현방식이다. 이 중 어느 하나가 아주 오랫동안 우리의 보통 상태가 된다.

빨간색의 큰 중앙 사선은 힘이 넘치면서도 불안정한 오각형 모양으로, 한 번에 두 방향을 가리키고 있다. 빨강색과 사선은 각자 서로 다른 방식으로 불안정하면서 역동적이다. "생각의 써클"은 완결되지 않았고 대각선 각도에서 볼 때 타원으로 보인다. 반대편 양 끝 모서리의 직각 삼각형들은 완벽한 직각 사각형을 (하나는 그냥 사각형을) 포함하고 있다. 이들은 모종의 직각의 (수직적/수평적) 확실성을 갖는다. 이것은 수수께끼 같은 이미지다.

당신은 이 그림이 편안한가, 아니면 당황스러운가? 이 그림의 극명한 붉은 띠, 모퉁이와 모퉁이를 잇는 대각선, 끊어진 원에 붙어 있는 마침표 같은 점이 당신을 불편하게 하는가? 이것은 어쩌면 의식적 사고가 참으로 예측불가능하고 불완전하게 작동한다는 불편한 자각을 반영하는 것일지도 모른다. 우리가 아무리 열심히 노력해도 통제할 수 없는 무의식으로부터 습격을 받으면 방향이 전환되고 당황하게 된다. 당신은 삶에서 여러 가지가 안정되고 확실하기를 선호할 수 있다. 그러나 어쩌면 당신은 이 이미지에서 이상하게도 편안함을 발견하게 될지도 모른다. 이는 어떤 것은 분명히 존재하고 변함없이 지속된다는 (예를 들면 기하학 같은 것) 당신의 느낌을 확인하는 것일 수도 있다. 그러나 그렇더라도 우리는 그야말로 사물을 항상 그대로 보지는 못한다. 당신은 당혹스러울지도 모르겠으나, 이 불편감을 가지고도 살아갈 수 있을 것이다.

:: **229쪽** (민속 노래를 기초로 색칠한 필름)

이 이상하고 강한 이미지에서 당신은 상당히 다른 것들을 볼 수 있다. (그림의 제목은 이 그림의 주제가 될 만한 것에 대한 아무런 단서도 주지 않는다.)
순전히 추상적 이미지에서, (1) 당신은 기하학적 틀 안에서 기하학적 연결선들과 어울려 서로 겹쳐진 몇 개의 원을 식별할 수 있다. 이것은 단지 모양과 형태가 장난스럽고 다채롭게 배열된 것으로 보일 수 있다. 혹은, (2) 당신은 이것을 다소 복잡하고 역설적인 공간으로 볼 수도 있다. 이 공간 속에 흔들리는 램프 혹은 마치 광학 실험에서처럼 흔들리며 돌아가는 디스크가 매달려 있다. 혹은 (3) 당신은 두 개의 크고 응시하는 눈과 타원형의 입을 가진 가면 같은 얼굴을 볼 수도 있다.

(1)번 응답은 현실적 기질을 나타낸다. 눈에 보이는 것을 믿으며 상상 혹은 환상적인 투사로부터 상당히 자유로운 마음을 가졌다.

(2)번 응답은 공간적 가능성을 빠르게 발견하고 상상할 수 있는 공간에서 할 수 있는 행동을 빠르게 찾는다. 신호와 형상을 파악하려고 노력하며, 사물이 투사된 세상 속에서 안심할만한 확실한 것을 찾는다. 그 세상은 우리가 살고 있는 세상과 다르지 않은 세상이다.

(3)번 응답은 당황스럽다. 마치 왜곡된 거울을 들여다보았던 것처럼, 마음은 즉각적이고 임의적으로 투사한 내용 속에서 표면적인 응답을 찾는다. 이것은 이 세상이 상호작용하고 놀라움을 불러일으키기를 기대하는 마음이 의도적으로 상상하고 만들어낸 반응이다.

서로 다른 순간에 위의 세 가지 반응 모두가 당신 안에 있다는 것을 발견하게 될 것이다. 이것은 끊임없이 변화하는 지각-시각 축의 불안정한 상태를 반영한다. 고르지 못한 색칠의 흔적과 무성의한 작업 수행을 감안할 때, 당신은 첫 순간부터 이것이 물리적 물체인 "그림"이라는 것을 알게 될 것이다. 마음의 작용이 이 명백한 자료를 무시한 것, 그리고 이 이미지에 대한 (또한 다른 많은 것에 대한) 상당히 다른 해석들을 손쉽게 뛰어넘는 것은 얼마나 특별한가!

행복

연구에 의하면 우리는 스스로를 행복하게 만들 수 있다고 한다. 만족감을 느끼게 하는 것은 무엇인가? 이에 대하여 중세 이탈리아 현자 지롤라모 카르다노^{Girolamo Cardano, 1501~1576}는 다음과 같이 말하고 있다.

> "자, 쾌활하게 살자! 유한한 것에 영원한 기쁨이란 없나니. 인생의 무대를 화려하게 장식할 좋은 것이 있다는 말에 더 이상 속지 말자. 휴식, 평온, 겸손, 자제력, 질서, 변화, 재미, 오락, 사회, 절제, 수면, 음식, 음료, 승마, 항해, 걷기, 시대에 보조 맞추기, 명상, 묵상, 교육, 경건, 결혼, 잔치, 과거의 질서정연한 기질을 회상하는 만족감, 청결, 물, 불, 음악 듣기, 하나에 대한 모든 것을 살펴보기, 대화, 이야기, 역사, 자유, 금욕, 작은 새, 강아지, 고양이, 죽음에 대한 위로, 고통당하는 자와 특혜받은 자 모두에게 공평하게 주어지는 시간과 운명과 행운의 끊임없는 변화로서 우리는 만족스럽다.
>
> 모든 희망을 초월하는 좋은 희망이 있다. 어떤 기술이 숙련되도록 훈련할 수 있는 것, 만물의 다양한 변화와 지구의 규모에 대한 명상을 능히 할 수 있는 것, 바로 그것이다."